中国环境规划政策绿皮书

中国经济生态生产总值核算报告（2017）

Report on Gross Economic-Ecological Product Accounting Research in China（2017）

王金南　於 方　马国霞　彭 菲　等 编著

中国环境出版集团·北京

图书在版编目（CIP）数据

中国经济生态生产总值核算报告. 2017/王金南等编著.
—北京：中国环境出版集团，2019.5
（中国环境规划政策绿皮书）
ISBN 978-7-5111-3983-2

Ⅰ. ①中… Ⅱ. ①王… Ⅲ. ①生态经济—生产总值经济核算—研究报告—中国—2017 Ⅳ. ①F124.5

中国版本图书馆 CIP 数据核字（2019）第 090154 号

出 版 人 武德凯
责任编辑 葛 莉 曹 玮
责任校对 任 丽
封面设计 彭 杉

出版发行 中国环境出版集团
（100062 北京市东城区广渠门内大街 16 号）
网 址：http://www.cesp.com.cn
电子邮箱：bjgl@cesp.com.cn
联系电话：010-67112765（编辑管理部）
发行热线：010-67125803，010-67113405（传真）
印 刷 北京中科印刷有限公司
经 销 各地新华书店
版 次 2019 年 5 月第 1 版
印 次 2019 年 5 月第 1 次印刷
开 本 787×1092 1/16
印 张 4.5
字 数 40 千字
定 价 32.00 元

《中国环境规划政策绿皮书》编委会

《中国经济生态生产总值核算报告（2017）》
编 委 会

执行摘要

在改革开放 40 周年之际，党中央、国务院对加强生态环境保护、加快生态文明体制改革、践行绿水青山就是金山银山理念等方面作出一系列重大决策部署，生态文明思想已被历史性地写入党章和宪法。目前，以生态环境部环境规划院为主的技术组已经完成了 2004—2017 年共 14 年的中国环境经济核算（绿色 GDP）和 2015—2017 年的生态系统生产总值核算（GEP）。技术组在绿色 GDP 和 GEP 的研究基础上，构建了经济生态生产总值（GEEP）综合核算体系。GEEP 是在 GDP 的基础上、扣减了人类经济生产活动的生态环境成本、增加了生态系统给经济系统提供的生态福祉的一种新的经济生态核算。GEEP 把"绿水青山"和"金山银山"统一到一个框架体系下，是践行"绿水青山就是金山银山"理念的重要支撑。2017 年 GEEP 核算主要结论如下：

1. 2017 年，我国生态环境退化成本占 GDP 比重为 3.4%，与 2016 年相比下降 0.2 个百分点，生态环境退化成本增速呈放缓趋势。随着我国"大气十条"和"水十条"实施，我国生态环境退化成本增速有所下降，2017 年生态环境退化成本增速为 3.2%，生态环境退化成本增速低于 GDP 增速。河北、山东、江苏、河南、浙江、广东等人口和经济相对集聚的省份，其环境退化成本相对较高。我国西部地区生态环境退化成本增速较快，生态环境退化指数高。2017 年，西部地区生态环境退化指数 4.9%，中部地区 3.6%，东部地区 2.8%，生态环境退化对西部地区的影响更为严重。

2. 我国 GEP 年度变化较小，湿地和森林提供的 GEP 价值量大。2017 年我国 GEP 为 73.81 万亿元，2016 年为 73.15 万亿元，2015 年为 72.81 万亿元，GEP 变化幅度较小。GEP 中生态产品供给服务为 14.69 万亿元，生态系统调节服务为 51.17 万亿元，生态系统文化服务为 7.95 万亿元。在生态系统调节服务中，气候调节服务价值最大，为 32.86 万亿元；其次是水流动调节，为 10.63 万亿元。从不同生态系统提供的 GEP 看，湿地生态系统的生态服务价值最大，占比为 46.9%；其次是森林生态系统，占比为 26.3%；草地生态系统占比为 14.7%。

3. 2017 年，我国绿金指数为 0.87，绿金指数高的地区主要分布在西部地区。从单位面积 GEP 和人均 GEP 两个指标看，我国东部地区单位面积 GEP 高，西部地区人均 GEP 相对较高。东部地区单位面积 GEP 为 1685.8 万元/km^2，人均 GEP 为 3.1 万元/人；西部地区单位面积 GEP 为 474.3 万元/km^2，人均 GEP 为 7.7 万元/人。从 GEP 与 GDP 比值的绿金指数看，指数大于 1 的 13 个省份主要分布在西部地区。绿金指数较高的省份主要有西藏（35.9）、青海（12.0）、内蒙古（4.3）、黑龙江（4.3）。

4. 2017 年我国 GEEP 是 GDP 的 1.6 倍，基于 GEEP 的省份排名和 GDP 的省份排名差距较大。2017 年，我国 GEEP 是 132.98 万亿元，比 2016 年增加 4.8%。基于 GEEP 计算的区域基尼系数为 0.49，比基于 GDP 计算的区域基尼系数小 0.02。GEEP 是“金山银山”和“绿水青山”的综合反映，有利于缩小区域差距。基于 GEEP 排名和 GDP 排名相比，变化幅度较大。北京、上海、天津、河北等省市 GEEP 排名比 GDP 排名降幅在 8 位以上。内蒙古、黑龙江、云南、青海、西藏等生态功能突出省份，GEEP 排名比 GDP 排名上升在 10 位以上。

Executive Summary

On the occasion of the 40th anniversary of reform and opening up, the Party Central Committee and the State Council have made a series of major decision-making arrangements for strengthening ecological environmental protection, accelerating the reform of the ecological civilization system, practicing the "Lucid waters and lush mountains are invaluable assets" strategy. The ecological civilization thought has been historically wrote into the Party and National constitution. At present, the technical group based on the Chinese Academy of Environmental Planning, the Ministry of Ecology and Environment has completed 14 years of China's environmental economic accounting (Green GDP) in 2004-2017 and the Ecosystem Gross Production (GEP) in 2015-2017. Based on the research of Green GDP and GEP, the technical team constructed a comprehensive accounting system for Gross Economic-Ecological Production (GEEP). On the basis of GDP, GEEP deducts the ecological environment cost of human economic production activities and increases the new economic and ecological accounting of the ecological benefits provided by the ecosystem to the economic system. GEEP unifies the "Green Water Mountain" and "Golden Mountain" into a framework system, which is an important support for the implementation of the concept of "Lucid waters and lush mountains are invaluable assets". The main conclusions of the 2017 GEEP accounting are as follows:

1. In 2017, China's ecological environment degradation cost accounted for 3.4% of GDP, down 0.2 percentage compared with 2016, and the growth rate of

eco-environmental degradation costs slowed down. With the implementation of China's "Air Pollution Prevention and Control Action Plan" and "Water Pollution Prevention and Control Action Plan ", the growth rate of eco-environmental degradation in China has declined. In 2017, the growth rate of eco-environmental degradation costs was 3.2%, and the growth rate of eco-environmental degradation costs was lower than GDP growth. The provinces of Hebei, Shandong, Jiangsu, Henan, Zhejiang, Guangdong, etc., where the population and economy were relatively concentrated, have relatively high environmental degradation costs. The cost of ecological environment degradation in western China was growing at a faster rate and the ecological environment degradation index was high. In 2017, the ecological environment degradation index in the western region was 4.9%, the central region was 3.6%, and the eastern region was 2.8%. The impact of ecological environment degradation on the western region was more serious.

2. China's GEP annual changes are small, and the amount of GEP provided by wetlands and forests is large. In 2017, China's GEP was 73.81 trillion yuan, in 2016 it was 73.15 trillion yuan, and in 2015 it was 72.81 trillion yuan. The GEP has slightly changed. The product supply service in GEP was 14.69 trillion yuan, the regulation service was 51.17 trillion yuan, and the cultural service was 7.95 trillion yuan. Among the regulation services, climate regulation services had the largest value of 32.86 trillion yuan; followed by water flow regulation, which was 10.63 trillion yuan. From the perspective of GEP provided by different ecosystems, the ecological service value of wetland ecosystems was the largest, accounting for 46.9% of total benefits; followed by forestry ecosystems, accounting for 26.3% and grassland ecosystems accounting for 14.7%.

3. In 2017, China's Green Gold Index was 0.87, and the areas with high Green Gold Index were mainly distributed in the western region. From the two indicators of unit area GEP and per capita GEP, the GEP per unit area in the eastern part of China was high, and the per capita GEP in the western area was relatively high. The GEP per unit area in the eastern region was 16.858 million yuan/km^2, and the per capita GEP was 31,000 yuan/person; the GEP per unit area in the western region was 4.743 million yuan/km^2, and the per capita GEP was 77,000 yuan/person. From the Green Gold Index of GEP to GDP ratio, the 13 provinces with an index greater than 1 were mainly distributed in the western region. The provinces with higher Green Gold Index were mainly Tibet (35.9), Qinghai (12.0), Inner Mongolia (4.3), and Heilongjiang (4.3).

4. In 2017, China's GEEP was 1.6 times of GDP, and at the provincial level GEEP and GDP had a large gap. In 2017, China's GEEP was 132.98 trillion yuan, an increase of 4.8% over 2016. The regional Gini coefficient based on GEEP calculation was 0.49, which was 0.02 less than the regional Gini coefficient based on GDP. GEEP was a comprehensive reflection of “Lucid waters and lush mountains are invaluable assets”, which was conducive to narrowing the regional gap. Compared with the GDP ranking, the GEEP ranking had a larger change. The GEEP rankings in Beijing, Shanghai, Tianjin, Hebei and other provinces have fallen by more than 8 ranks in GDP. Inner Mongolia, Heilongjiang, Yunnan, Qinghai, Tibet and other provinces with outstanding ecological functions had their GEEP rankings rising by more than 10 ranks in GDP.

目 录

1 1 经济生态生产总值核算框架体系
1 1.1 经济生态生产总值核算意义
5 1.2 经济生态生产总值核算框架
6 1.3 经济生态生产总值核算指标

13 2 2017 年环境退化成本核算
14 2.1 水环境退化成本
15 2.2 大气环境退化成本
19 2.3 固体废物侵占土地损失成本
19 2.4 环境退化成本

21 3 2017 年生态破坏成本核算
23 3.1 森林生态破坏成本
26 3.2 湿地生态破坏成本
29 3.3 草地生态破坏成本

目 录

31 3.4 总生态破坏成本

34 4 2017 年 GEP 核算

34 4.1 生态系统面积与净初级生产力指标分析

37 4.2 不同生态功能 GEP 占比

39 4.3 不同省份 GEP 核算

46 4.4 GEP 核算综合分析

51 5 2017 年 GEEP 核算

51 5.1 GEEP 核算结果

52 5.2 GEEP 空间分布

54 5.3 GEEP 省份排名

58 附录 2017 年各地区核算结果

1

经济生态生产总值核算框架体系

1.1 经济生态生产总值核算意义

GDP 作为考察宏观经济的重要指标，是对一个国家总体经济运行表现做出的概括性衡量。但现行的国民经济核算体系有一定的局限性，一是它没有反映经济增长的资源环境代价，二是不能反映经济增长的效率、效益和质量，三是没有完全反映生态系统对经济增长的贡献度和福祉，没有包括经济增长的全部社会成本，四是不能反映社会财富的总积累以及社会福利的变化。

为此，国际上从 20 世纪 70 年代开始研究建立绿色国民经济核算体系，它在传统的 GDP 核算体系中扣除自然资源耗减成本和污染损失成本，以期更真实地衡量经济发展成果和国民经济福利。联合国统计司（UNSD）于1989年、1993年、2003年和2013年先后发布并修订了《综合环境与经济核算体系（SEEA）》，为建立绿色国民经济核算总量、自然资源和污染账户提供了基本框架。本课题组遵从SEEA框架体系，自2006年以来，持续开展绿色GDP1.0（GGDP）研究，定量核算我国经济发展的生态环境代价，完成了2004—2017年共14年的年度环境经济核算报告，有力地推动了我国绿色国民经济核算体系研究。

目前，我国非常重视生态文明建设，逐步放弃唯GDP考核目标。党的十八大提出把资源消耗、环境损害、生态效益等指标纳入经济社会发展评价体系，党的十九大进一步强调加快生态文明体制改革，建设美丽中国，推进绿色发展，着力解决突出环境问题，加大生态系统保护力度，改革生态环境监管体制，践行“绿水青山就是金山银山”的理念，坚持节约资源和保护环境的基本国策，实行最严格的生态环境保护制度。绿色GDP核算扣除了经济系统增长的资源环境代价，但并没有把生态系统为经济系统提供的全部生态福祉都进行核算，只做了“减法”，没有做“加法”，无法体现“绿水青山就是金山银山”的绿色理念。

2015年，环境保护部启动了绿色GDP2.0版本，开展了生态系统生产总值（GEP）的核算，对生态系统每年提供给人类的生态福祉进行全部核算，包括产品供给服务、生态调节服务、文化服务三个方面。但GEP只是从生态系统的角度考虑，把生态系统给经济系统提供的福祉全部进行核算，并没有把生态系统和经济系统完全地纳入同一核算体系中。为把资源消耗、环境损害、生态效益纳入社会经济发展评价体系，本报告在绿色GDP1.0和绿色GDP2.0版本的基础上，构建经济生态生产总值（GEEP）综合核算指标。

GEEP是在经济系统生产总值的基础上，考虑人类在经济生产活动中对生态环境的损害和生态系统对经济系统的福祉。GEEP既考虑了人类活动产生的经济价值，也考虑了生态系统每年给经济系统提供的生态福祉，还考虑了人类为经济系统产生的生态环境代价。GEEP是一个有增有减，有经济有生态的综合指标。GEEP同时考虑了人类活动和生态环境对经济系统的贡献，纠正了以前只考虑人类经济贡献或生态贡献的片面性。这一指标把“绿水青山”和“金山银山”统一到一个框架体系下，是“两山论”的集中体现，是践行“绿水青山就是金山银山”理念的重要支撑。与GDP相比，GEEP更有利于实现地区可持续发展，是相对更为科学的地区绩效考核指标。

本报告由生态环境部环境规划院完成，环境质量数据由中国环境监测总站和中国科学院遥感与数字地球研究所提供。感谢生态环境部、国家统计局等部委与中国宏观经济学会等机构的有关领导对本项研究一直以来给予的指导和帮助。

专栏 1-1 2017 年经济生态生产总值核算数据来源

2017 年，经济生态生产总值核算主要以环境统计和环境监测等数据为依据，对 2017 年全国 31 个省区市的环境退化成本、生态破坏成本及其占 GDP 的比例、GEP、GEEP 进行核算。报告基础数据来源包括《中国统计年鉴 2018》《中国城市建设统计年鉴 2017》《中国卫生统计年鉴 2017》《中国农村统计年鉴 2017》《中国矿业年鉴 2017》《中国国土资源年鉴 2017》《中国能源统计年鉴 2017》《中国口岸年鉴 2017》《2008 中国卫生服务调查研究－第四次家庭健康询问调查分析报告》《中国环境状况公报 2017》，以及 31 个省区市 2017 年度统计年鉴，环境质量数据由中国环境监测总站提供，全国 10 km×10 km 网格的 $PM_{2.5}$ 遥感卫星反演浓度数据由中国科学院遥感与数字地球研究所提供。

生态破坏成本核算基础数据主要来源于第八次（2009—2013 年）全国森林资源清查、第二次（2009—2013 年）全国湿地调查、全国 674 个气象站站点数据、中国农业科学院 MODIS/NDVI 遥感数据、《中国土壤志》、美国 NASA 网站数字高程数据、2017 年全国草原监测报告、2017 年国家价格监测报告、2017 年碳排放交易价格、2017 年市场调查以及相关研究数据。

在生态系统生产总值核算中，土地利用类型图来源于中国科学院资源科学数据中心（http://www.redc.cn）、温度和降雨量数据来自中国气象数据网（http://data.cma.cn/）、NPP 数据来自美国 NASA EOS/MODIS2016 年 MOD17 A3 数据集（http://www.ntsg. umt.edu/project/MOD17）、NDVI 数据来源于美国国家航空航天局（NASA）的 EOS/MODIS 数据产品（http://e4ftl01.cr. usgs.gov）、土壤类型数据来源于中国科学院南京土壤研究所等。

1.2 经济生态生产总值核算框架

经济生态生产总值（gross economic-ecological product ，GEEP）

是在经济系统生产总值的基础上，考虑人类在经济生产活动中对生态环境的损害和生态系统对经济系统的福祉，即在绿色 GDP 核算的基础上，增加生态系统给人类提供的生态福祉，其中，生态环境的损害主要用人类活动对生态破坏成本和环境退化成本表示，生态系统对人类的福祉用 GEP 表示，因 GEP 中的产品供给服务和文化服务价值已在 GDP 中进行了核算，为减少重复，需进行扣除（图 1-1）。经济生态生产总值的概念模型如式（1-1）所示。

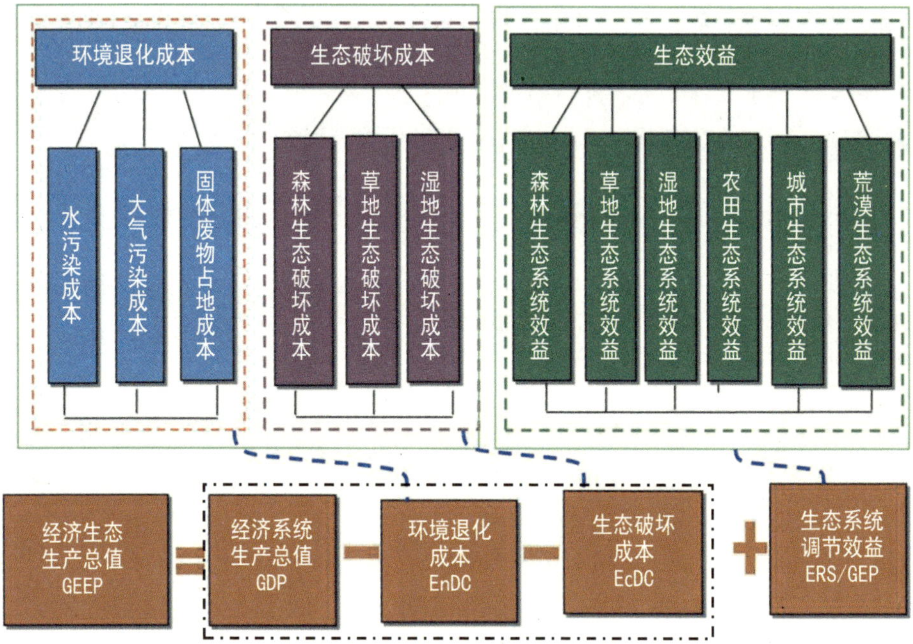

图 1-1 生态经济系统生产总值核算框架体系

$$
\begin{aligned}
GEEP &= GGDP + GEP - (GGDP \cap GEP) \\
&= (GDP - EnDC - EcDC) + (EPS + ERS + ECS) - (EPS + ECS) \quad (1\text{-}1) \\
&= (GDP - EnDC - EcDC) + ERS
\end{aligned}
$$

式中，GGDP（green gross domestic product）为绿色 GDP；GEP（gross ecosystem product）为生态系统生产总值；GGDP∩GEP 为 GGDP 与 GEP 的重复部分；GDP（gross domestic product）为国内生产总值；EnDC（environmental damage cost）为环境退化成本；EcDC（ecological degradation cost）为生态破坏成本；ERS（ecosystem regulation service）为生态系统调节服务；EPS（ecosystem provision service）为生态产品供给服务；ECS（ecosystem culture service）为生态系统文化服务。

1.3 经济生态生产总值核算指标

根据 GEEP 核算框架体系，GEEP 核算的关键指标是环境退化成本、生态破坏成本和生态系统调节服务。这三个指标涉及生态、环境、生态环境经济，以及遥感技术应用等多个学科的交叉。如何对环境退化成本、生态破坏成本和生态系统生产总值进行价值量核算，是计算 GEEP 的关键和难点。

1.3.1 环境退化成本核算指标

环境退化成本指排放到环境中的各种污染物对人体健康、农业、生态环境等导致的环境污染损失成本。环境退化成本主要包括大气污染导致的退化成本、水污染导致的退化成本、固体废物占地成本等三个方面[式（1-2）]。其中，大气污染导致的环境退化成本主要包括大气污染导致的人体健康损失、种植业产值损失、室外建筑材料腐蚀损失、生活清洁费用增加成本等四部分。水污染导致的环境退化成本主要包括水污染导致的人体健康损失、污水灌溉导致的农业损失、水污染造成的工业用水额外治理成本、水污染造成的城市生活经济损失，以及水污染导致的污染型缺水损失等（表 1-1）。环境退化成本具体指标的核算方法，请参考课题组已出版的图书《中国环境经济核算技术指南》。

$$EnDC=AEnDC+WEnDC+SEnDC \tag{1-2}$$

式中，EnDC 为环境退化成本；AEnDC 为大气污染退化成本；WEnDC 为水污染退化成本；SEnDC 为固体废物占地成本。

表 1-1　环境退化成本核算具体内容和方法

危害终端		核算方法
大气污染	人体健康损失	修正的人力资本法/疾病成本法
	种植业产量损失	市场价值法
	室外建筑材料腐蚀损失	市场价值法或防护费用法
	生活清洁费用增加成本	防护费用法
水污染	人体健康损失	疾病成本法/人力资本法
	污灌造成的农业损失	市场价值法或影子价格法
	工业用水额外治理成本	防护费用法
	城市生活用水额外治理成本	防护费用法
	水污染引起的家庭洁净水成本	市场价值法
	污染型缺水损失	影子价格法
固体废物占地		机会成本法

1.3.2　生态破坏成本核算指标

生态破坏成本核算指标是指生态系统生态服务功能因人类不合理利用导致的生态服务功能损失的核算。该指标是在生态系统调节服务核算的基础上，考虑不同生态系统的人为破坏率，对森林、草地、湿地三大生态系统的生态破坏成本进行核算[式（1-3）]。本报告在进行 2017 年生态破坏成本核算时，以森林超采率作为森林生态系统的人为破坏率，森林超采率是通过第八次全国森林资源清查获得的森林超采量和森林蓄积量计算而得。湿地人为破坏率根据第二次全国湿地资源调查结果，利用湿地重度威胁面积占湿地总面积的比例进行计算。草地人为破坏率根据2017年全国草原监测报告六大牧区省份及全国重点天然草原平均牲畜超载率进行计算。

$$\text{EcDC} = \sum_{i=1}^{3} \text{ERS}_i \times \text{HR}_i \tag{1-3}$$

式中，EcDC 为生态破坏成本；i 为草地、森林和湿地三大生态系统；ERS_i 为草地、湿地和森林三大生态系统的生态调节服务；HR_i 为这三大生态系统的人为破坏率。

1.3.3 生态系统生产总值核算指标

生态系统生产总值（GEP）是分析与评价生态系统为人类生存与福祉提供的产品与服务的经济价值。GEP 是生态系统产品价值、调节服务价值和文化服务价值的总和。根据生态系统服务功能评估的方法，GEP 可以从生态系统功能量和生态经济价值量两个角度核算。生态系统功能量的获取需要借助遥感影像解译数据，本报告利用中国科学院地理科学与资源研究所解译的 2017 年空间分辨率 1 km 的土地利用数据，并结合 MODIS NDVI 数据，对我国 2017 年

31 个省（市、区）的森林、湿地、草地、荒漠、农田、城市、海洋等 7 大生态系统 GEP 进行核算。具体指标和核算方法见表 1-2。生态系统提供的生态产品供给服务和生态文化服务已经在 GDP 中有所体现。为避免重复，GEEP 只对生态系统给经济系统提供的生态调节服务价值进行核算[式（1-4）]。这些指标的具体计算方法请参考本课题组发表在《中国环境科学》上的文章，这里不再赘述。

表 1-2　不同生态系统生态服务功能核算方法

指标	功能量核算方法	价值量核算方法
产品供给	统计调查法	市场价值法
气候调节	蒸散模型法	替代成本法
固碳功能	固碳机理模型法	替代成本法
释氧功能	释氧机理模型法	替代成本法
水质净化功能	污染物净化模型法	替代成本法
大气环境净化	污染物净化模型法	替代成本法
水流动调节	水量平衡法	替代成本法
病虫害防治	统计调查法	替代成本法
土壤保持功能	通用水土流失方程（RUSLE）	替代成本法
防风固沙功能	修正风力侵蚀模型（REWQ）	替代成本法
文化服务功能	统计调查法	旅行费用法

$$ERS=CRS+WRS+SMS+WPSF+CFOR+WCS+ACS+EDIP \quad (1-4)$$

式中，ERS 为生态调节服务；CRS 为气候调节服务；WRS 为水流动调节服务；SMS 为土壤保持功能；WPSF 为防风固沙功能；CFOR 为固碳、释氧功能；WCS 为水质净化功能；ACS 为大气环境净化；EDIP 为病虫害防治。

2

2017年环境退化成本核算

环境退化成本又称污染损失成本，它是在目前的治理水平下、生产和消费过程中所排放的污染物对环境功能、人体健康、作物产量等造成的实际损害，利用人力资本法、直接市场价值法、替代费用法等环境经济方法评估计算得出的环境退化价值。基于损害的环境退化成本可以对环境污染损失进行更加科学和客观的评价。

在本核算体系框架下，按污染介质环境退化成本包括大气污染、水污染和固体废物污染造成的经济损失；按污染危害终端环境退化成本包括人体健康经济损失、工农业（工业、种植业、林牧渔业）生产经济损失、水资源经济损失、材料经济损失、土地占用丧失生产力引起的经济损失、污染事故经济损失和对生活造成影响的经济损失。

2.1 水环境退化成本

2017 年，我国水环境退化成本为 9 128.5 亿元，占总环境退化成本的 42.6%，水环境退化指数为 1.08%。在水环境退化成本中，污染型缺水造成的损失最大（图 2-1）。2017 年全国污染型缺水量达到 1 127 亿 m^3，占 2017 年总供水量的 24.2%，污染已经成为我国缺水的主要原因之一，对我国的水环境安全构成严重威胁，成为制约经济发展的一大要素。其次为水污染对农业生产造成的损失，2017 年为 1 536.2 亿元。2017 年水污染造成的城市生活用水额外治理和防护成本为 603.4 亿元，工业用水额外治理成本为 448.2 亿元，农村居民健康损失为 382.2 亿元。

2017 年，东、中、西部三个地区的水环境退化成本分别为 4 656.3 亿元、2 020 亿元和 2 252 亿元。东部地区的水环境退化成本最高，约占水污染环境退化成本的 51%，占东部地区 GDP 的 1.0%；中部和西部地区的水环境退化成本分别占总水环境退化成本的 24.3%和 24.7%，占地区 GDP 的 1.1%和 1.34%。

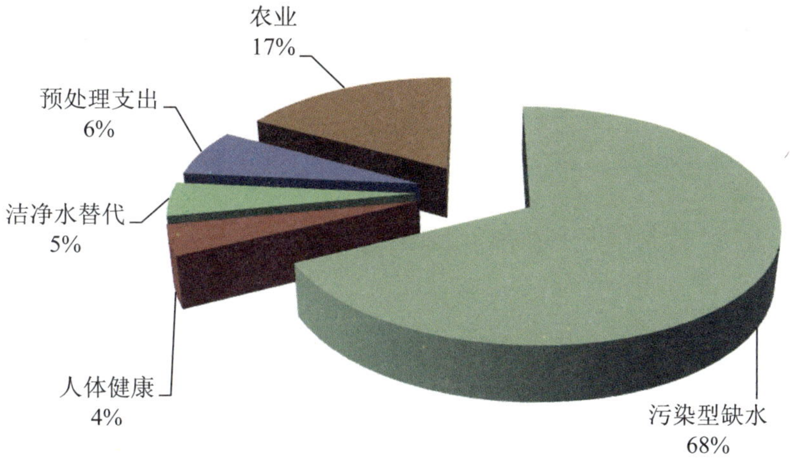

图 2-1　2017 年各种水环境退化成本占总水环境退化成本比重

2.2 大气环境退化成本

2017 年是《大气污染防治行动计划》实施的收官之年，空气质量改善目标和重点工作任务全面完成。全国 338 个地级及以上城市 PM_{10} 平均浓度比 2013 年下降 22.7%，京津冀、长三角、珠三角区域 $PM_{2.5}$ 平均浓度比 2013 年分别下降 39.6%、34.3%、27.7%，北京市 $PM_{2.5}$ 平均浓度从 2013 年的 89.5 $\mu g/m^3$ 下降到 2017 年的 58 $\mu g/m^3$。根据遥感影像反演 $PM_{2.5}$ 数据显示，京津冀地区、长三角地区、成渝地区、汾渭地区污染相对严重。2017 年，京津冀地区 $PM_{2.5}$ 年均浓度为 51 μg/m^3，成渝地区 37 μg/m^3，汾渭平原 52 μg/m^3。需要注意的是，新疆 $PM_{2.5}$ 浓度比较高的地区是塔克拉玛干沙漠，受沙尘天气影响，导致解译结果偏高，阿克苏地区、和田地区、阿拉尔市、喀什地区、图木舒克市等地都超过 70 μg/m^3，局部网格都超过 100 μg/m^3。把 $PM_{2.5}$ 浓度和暴露人口结合起来进行分析，我国只有 24.6%的人口居住于 $PM_{2.5}$ 浓度低于 35 μg/m^3 的国家空气质量二级标准以下，75.4%的人口暴露在国家空气质量二级标准以上，其中，$PM_{2.5}$ 浓度为 35～50 μg/m^3 的人口占比为 40.2%，$PM_{2.5}$ 浓度为 50～70 μg/m^3 的人口占比为 30.7%，超过 70 μg/m^3 的人口占比为 4.5%，比 2016 年降低了 7.1 个百分点，主要分布在京津冀和汾渭地区平原（图 2-2）。

利用中国科学院遥感与数字地球研究所提供的 2017 年 $PM_{2.5}$ 遥感影像反演数据，并结合网格化的人口和人均 GDP 等数据，以 10 km 网格为核算单元，对全国范围的大气污染导致的人体健康损失进行核算。结果显示，2017 年，我国大气污染导致的过早死亡人数为 81.3 万人，比 2016 年降低 12.8%。利用 338 个地级及以上城市 $PM_{2.5}$ 监测数据，计算我国城市地区大气污染导致的过早死亡人数为 48.8 万人。

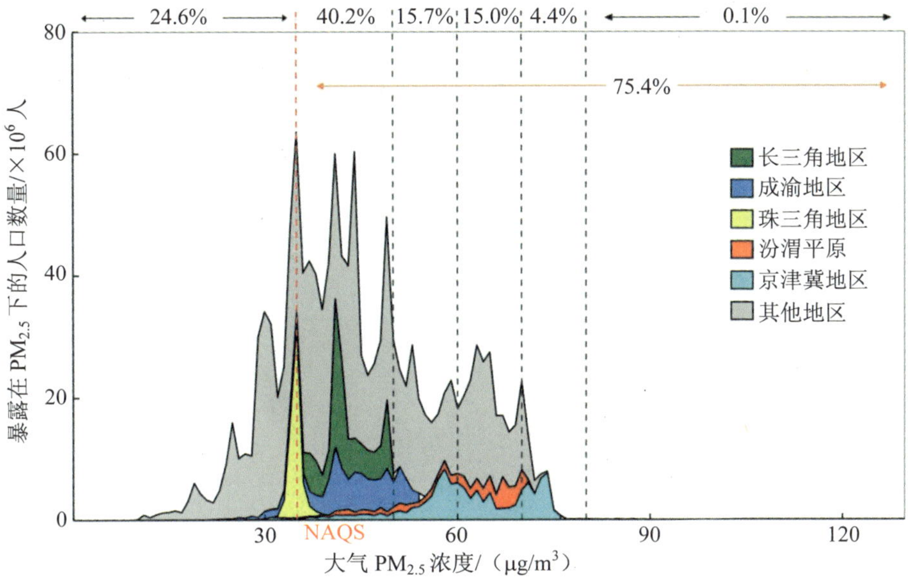

图 2-2　我国重点区域 $PM_{2.5}$ 不同浓度下的人口分布比例

在大气污染各项损失中，人体健康损失最大。2017 年我国大气环境退化成本为 12 565.1 亿元，占总环境退化成本的 56.5%，大气环境退化指数为 1.48%。大气污染导致的人体健康损失为 10 428.4 亿元，占大气环境退化的 83%。在 SO_2 减排政策的作用下，大气环境污染造成的农业损失大幅下降。2017 年农业减产损失为 71.4 亿元，比 2016 年减少 19%，农业减产损失仅占大气环境退化的 1%（图 2-3）。材料损失为 74.33 亿元，比 2016 年减少 25%。随着车辆和建筑物的快速增加，额外清洁费用增速较快，从 2006 年的 416.4 亿元增加到 2017 年的 1 991 亿元，年均增长 7.2%。

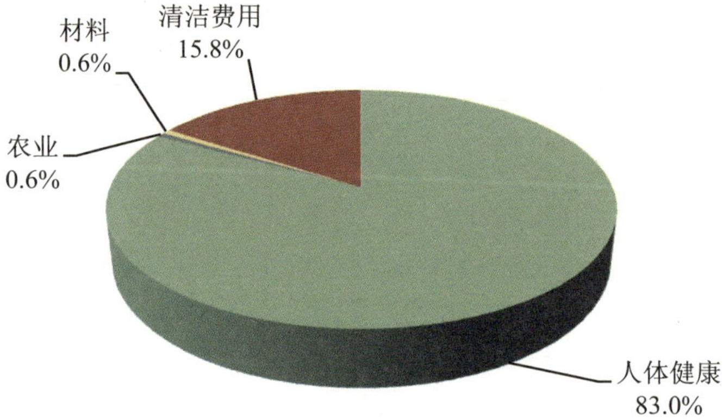

图 2-3　各种大气环境退化成本占总大气环境退化成本比重

2017 年，东、中、西部三个地区的大气环境退化成本分别为 6 921.9 亿元、3 318.4 亿元和 2 324.8 亿元。大气环境退化成本最高的仍然是东部地区，占大气总环境退化成本的 45.3%，占东部地区 GDP 的 1.47%；中部和西部地区的大气环境退化成本分别占大气总环境退化成本的 26.4%和 18.5%，这两个地区的大气环境退化成本占地区 GDP 的比重分别为 1.6%和 1.4%。从省份而言，江苏（1 302.6 亿元）、山东（1 178.6 亿元）、广东（1 122.6 亿元）、河南（800.9 亿元）、浙江（695.1 亿元）、河北（594.7 亿元）等 6 个省的大气环境退化成本较高，占全国大气环境退化成本的 45.0%。甘肃（100.5 亿元）、宁夏（49.4 亿元）、青海（31.7 亿元）、海南（32.6 亿元）、西藏（5.3 亿元）等省份大气环境退化成本相对较低，占全国大气环境退化成本的 1.7%。

2.3 固体废物侵占土地损失成本

2017 年，全国工业固体废物侵占土地约 21 535.4 万 m^2，丧失土地的机会成本约为 379.7 亿元。生活垃圾侵占土地约 2 421.9 万 m^2，丧失的土地机会成本约为 65.9 亿元，比上年减少 14.6%。两项合计，2017 年全国固体废物侵占土地造成的环境退化成本为 445.1 亿元，占总环境退化成本的 2.0%。2017 年，东部、中部、西部三个地区的固体废物环境退化成本分别为 149.1 亿元、153.8 亿元、142.1 亿元。

2.4 环境退化成本

2017 年我国环境退化成本为 22 256.5 亿元，环境退化成本比 2016 年增加 4.5%，环境退化成本增速有所放缓。在总环境退化成本中，大气环境退化成本和水环境退化成本是主要的组成部分，2017 年这两项损失分别占总退化成本的 56.5%和 41%，固体废物侵占土地退化成本和污染事故造成的损失分别为 445.1 亿元和 117.8 亿元，分别占总退化成本的 2.0%和 0.53%。

从空间角度看，我国区域环境退化成本呈现自东向西递减的空间格局。2017 年，我国东部地区的环境退化成本较大，为 11 727.4 亿元，占总环境退化成本的 53.0%，中部地区为 5 692.2 亿元，西部地区为 4 719.1 亿元。从 31 个省份的环境退化成本来看，山东（2 253.4 亿元）、河北（2 073.7 亿元）、江苏（1 801.4 亿元）、河南（1 779.2 亿元）、广东（1 422.2 亿元）、浙江（1 166.9 亿元）等省份的环境退化成本较高，合计占全国环境退化成本的 47.4%。除河南外，这些省份都位于我国东部沿海地区。云南（283.1 亿元）、新疆（269.5 亿元）、宁夏（200.8 亿元）、青海（103.7 亿元）、西藏（56.9 亿元）、海南（49.3 亿元）等省份的环境退化成本较低，合计占环境退化成本的 4.4%。这些省份除环境质量本底值好的海南省外，都位于西部地区。

3

2017 年生态破坏成本核算

生态系统可以按不同的方法和标准进行分类，本报告依据生态系统特性将生态系统划分为五类，即森林生态系统、草地生态系统、湿地生态系统、农田生态系统和海洋生态系统。由于不掌握农田生态系统和海洋生态系统的基础数据及相关参数，本报告仅核算了森林、草地和湿地等 3 类生态系统的生态调节服务损失。

专栏 3-1　生态破坏成本核算说明

首先，报告利用中国科学院地理科学与资源研究所解译的 2016 年空间分辨率 1km 的土地利用数据，结合 MODIS NDVI

数据进行不同生态系统、不同生态功能指标的实物量计算。

其次，在不同生态系统生态服务功能实物量核算的基础上，通过不同生态系统服务功能实物量与不同生态系统人为破坏率的乘积，进行不同生态系统生态破坏实物量核算。

森林生态系统，根据第八次全国森林资源清查结果，核算了我国森林生态系统在固碳释氧、水流动调节、土壤保持、大气净化、防风固沙等 5 种生态调节服务的功能量，利用森林超采率（根据第八次全国森林资源清查获得的森林超采量和森林蓄积量计算得到）计算不同生态功能的森林损失功能量，再利用价值量方法将损失功能量转换为损失价值量。

湿地生态系统，根据第二次全国湿地资源调查结果，核算了我国湿地生态系统在固碳释氧、水流动调节、土壤保持、水质净化、大气净化 5 种生态调节服务的功能量，利用湿地重度威胁面积占湿地总面积的比例计算不同生态功能的湿地损失功能量，再利用价值量方法将损失功能量转换为损失价值量。

草地生态系统，核算了固碳释氧、水流动调节、土壤保持、大气净化、防风固沙等 5 种生态调节服务的功能量，利用草地人为破坏率（根据 2017 年全国草原监测报告六大牧区省份及全国重点天然草原平均牲畜超载率计算获得）计算不同生态功能的草地损失功能量，再利用价值量方法将损失功能量转换为损失价值量。

3.1 森林生态破坏成本

第八次（2009—2013 年）全国森林资源清查结果显示，我国现有森林面积 2.08 亿 hm^2，森林覆盖率 21.63%，活立木总蓄积 164.33 亿 m^3。森林面积和森林蓄积分别位居世界第 5 位和第 6 位，人工林面积居世界首位。与第七次（2004—2008 年）全国森林资源清查相比，森林面积增加 1 223 万 hm^2，森林覆盖率上升 1.27 个百分点，活立木总蓄积和森林蓄积分别增加 15.20 亿 m^3 和 14.16 亿 m^3。总体来看，我国森林资源进入了数量增长、质量提升的稳步发展时期。这充分表明，党中央、国务院确定的林业发展和生态建设一系列重大战略决策、实施的一系列重点林业生态工程，取得了显著成效。但是我国森林资源总量相对不足、质量不高、分布不均的状况仍未得到根本改变，林业发展还面临着巨大的压力和挑战。

根据第八次全国森林资源清查结果，森林面积增速开始放缓，现有未成林造林地面积比上次清查少 396 万 hm^2，仅有 650 万 hm^2。同时，现有宜林地质量好的仅占 10%，质量差的多达 54%，且 2/3 分布在西北、西南地区。2017 年我国森林生态破坏损失达到 1 098.8 亿元，占 2017 年全国 GDP 的 0.13%。从损失的各项功能看，固碳释氧、水流动调节、土壤保持、防风固沙、大气净化功能等损失的价值量分别为 272.6 亿元、580.1 亿元、240.9 亿元、2.5 亿元和 2.6 亿元。其中，水流动调节损失所造成的破坏损失最大（图 3-1），占森林生态破坏总损失的 52.8%。

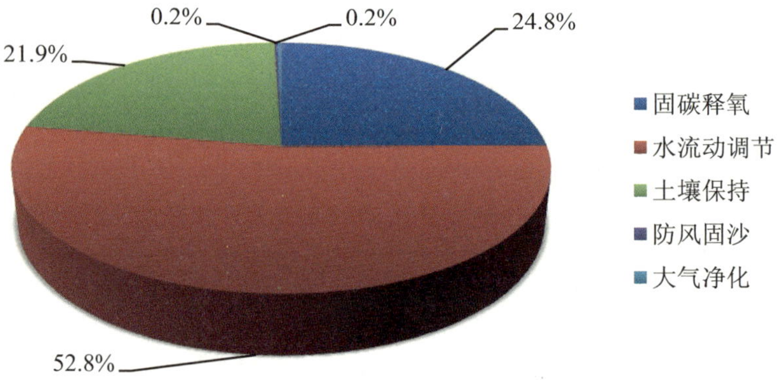

图 3-1 森林生态破坏各项损失占比

从森林生态破坏损失的地域分布看，2017 年湖南省森林生态破坏的经济损失最大，为 328.4 亿元，其森林的超采率为 4.7%；其次是广东、江西、贵州、云南、广西、浙江、黑龙江、四川等地，森林生态破坏的经济损失均超过 40 亿元，这些省份除云南、四川、广西的森林超采率小于 1%以外，其他省份的森林超采率都大于 1%，其中江西的森林超采率为 2.0%，广东为 1.7%，贵州为 1.5%，黑龙江为 1.2%；青海、上海、北京、宁夏、天津等地森林生态破坏损失较小；内蒙古、福建、海南、陕西等地森林超采率为 0，森林生态系统破坏损失为 0。总体上，中国森林生态破坏损失主要分布在东南和西南地区，西北各省区森林生态破坏损失相对较小（图 3-2）。

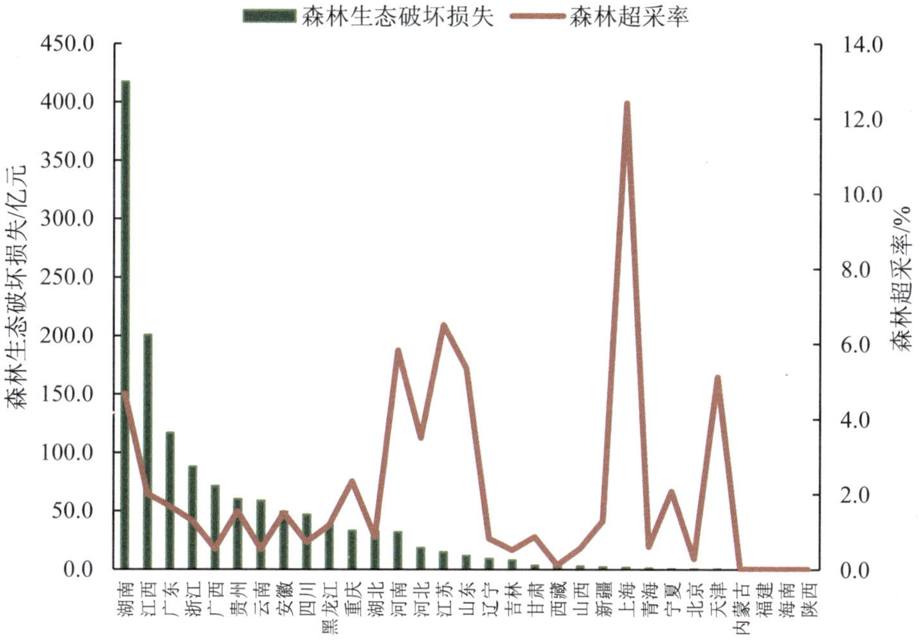

图 3-2　2017 年 31 个省份森林生态破坏经济损失和森林超采率

云南、广西、四川主要由于森林资源比较丰富，核算得到的生态系统服务功能量较大，所以其生态破坏的损失价值也较高；湖南、江西、广东、贵州、安徽等省则是由于森林超采率较高，造成森林生态破坏的损失价值增高；西北各省份在退耕还林政策的影响下，森林超采率普遍较低，森林生态破坏损失低。

3.2 湿地生态破坏成本

第二次（2009—2013 年）全国湿地资源调查结果表明，全国湿地总面积 5 360.26 万 hm^2，湿地率 5.58%。自然湿地面积 4 667.47 万 hm^2，占总湿地面积的 87.37%；人工湿地面积 674.59 万 hm^2，占 12.63%。在自然湿地中，近海与海岸湿地面积 579.59 万 hm^2，占 12.42%；河流湿地面积 1 055.21 万 hm^2，占 22.61%；湖泊湿地面积 859.38 万 hm^2，占 18.41%；沼泽湿地面积 2 173.29 万 hm^2，占 46.56%。调查表明，我国目前河流、湖泊湿地沼泽化、河流湿地转为人工库塘等情况突出，湿地受威胁压力进一步增大，威胁湿地生态状况主要因子已从 10 年前的污染、围垦和非法狩猎三大因子转变为现在的污染、过度捕捞和采集、围垦、外来物种入侵、基建占用五大因子，这些原因造成了我国自然湿地面积削减、功能下降。

本报告所指湿地生态破坏是指在人类活动的干扰下，由于人为因素造成的湿地生态系统的生态服务功能退化，污染、过度捕捞和采集、围垦、外来物种入侵、基建占用均为人为因素，因此，以湿地重度威胁面积占湿地总面积的比例指标作为湿地生态系统的人为破坏率。根据核算结果，2017 年湿地生态破坏损失达到 4 592.1 亿元，占 2017 年全国 GDP 的 0.54%。湿地的固碳释氧、水流动调节、土壤保持、防风固沙、水质净化、大气净化等功能损失的价值量分别为 10.7 亿元、4 253.3 元、62.2 亿元、4.6 亿元、259.1 亿元和 2.4 亿元。在湿地生态破坏造成的各项损失中，水流动调节的损失贡献率最大，占总经济损失的 92.6%（图 3-3）。

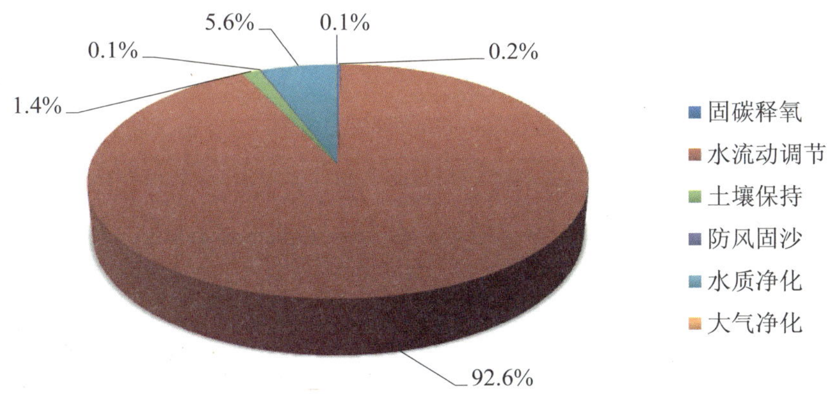

图 3-3 湿地生态破坏各项损失占比

受自然条件的影响，湿地类型的地理分布表现出明显的区域差异。从湿地生态破坏损失的地域分布看，2017 年青海省湿地生态破坏损失最高，为 1 266.7 亿元，占湿地总损失的 27.6%，其中水流动调节服务功能损失最高，为 1 257 亿元，主要由于青海省湿地资源丰富。根据核算结果，青海湿地生态系统价值位于全国第二位，同时青海省湿地的重度威胁面积占湿地总面积的比例较高，为 22.2%，位于全国

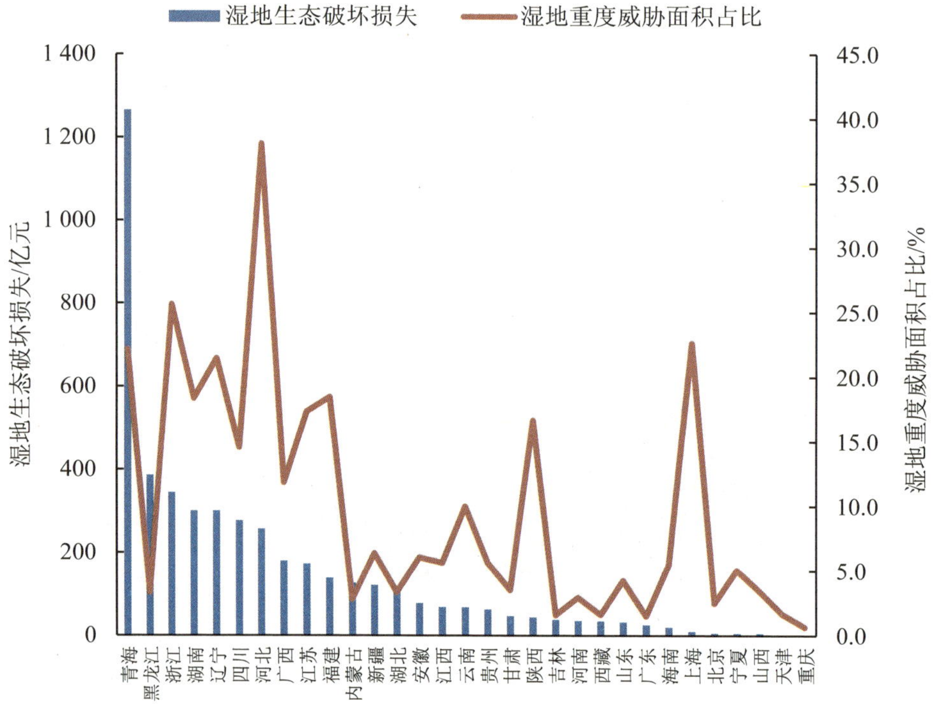

图 3-4　2017 年 31 个省份湿地生态破坏经济损失和重度威胁面积占比

第四位。黑龙江、浙江、湖南、辽宁、四川、河北等省的生态破坏损失也较高，均高于 250 亿元，其中黑龙江省主要由于湿地生态系统价值较高，位于全国第一位。而河北、湖南、四川、浙江、辽宁等省由于湿地的重度威胁面积占湿地总面积的比例较高（38.1%、18.4%、14.6%、25.7%和 21.5%），分别为全国第七位、第五位、第六位、第三位和第四位（图 3-4）。天津、重庆湿地生态系统破坏损失较低，小于 2 亿元。

3.3 草地生态破坏成本

草地生态破坏是在人类活动的干扰下，由于人为因素造成的草地生态系统的生态服务功能退化。影响草地生态系统生态退化的人为因素主要是不合理的草地利用，包括过度放牧、开垦草原、违法征占草地、乱采滥挖草原野生植被资源等。本报告核算结果显示，2017 年中国草地生态系统的固碳释氧、水流动调节、土壤保持、防风固沙、大气净化等功能损失的价值量分别为 392.3 亿元、511.8 亿元、192.3 亿元、114.2 亿元和 3.9 亿元，合计 1 214.6 亿元。在草地生态破坏造成的各项损失中，水流动调节的贡献率最大，占总经济损失的 42.1%（图 3-5）。

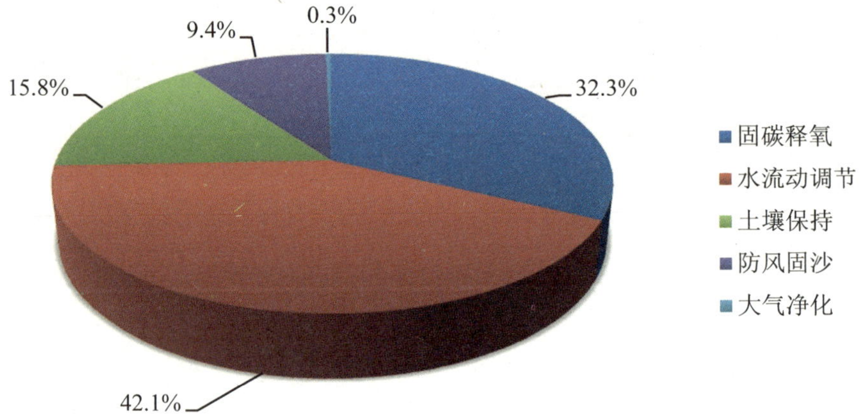

图 3-5　草地生态破坏各项损失占比

从草地生态破坏损失的地域分布看，西藏、四川、青海、内蒙古、云南、新疆等省区的草地生态破坏相对较为严重，对应的草地生态破坏损失分别为 204.6 亿元、162.5 亿元、146.8 亿元、107.8 亿元、100.5 亿元和 73.1 亿元。其中，四川、内蒙古、西藏和新疆的草原人为破坏率均高于其他省区，分别为 4.17%、3.91%、4.62%和 4.37%。同时，四川固碳释氧功能损失量较大，内蒙古、西藏、新疆的水流动调节功能损失较大。湖北、吉林、山东、浙江、河南、辽宁、宁夏、海南、江苏等地草地生态破坏相对较轻，草地生态破坏损失不足 10 亿元。总体上，西北、西南地区是中国草地生态破坏损失的高值区域，主要表现为草地净初级生产力的下降和草地面积的减少（图 3-6）。

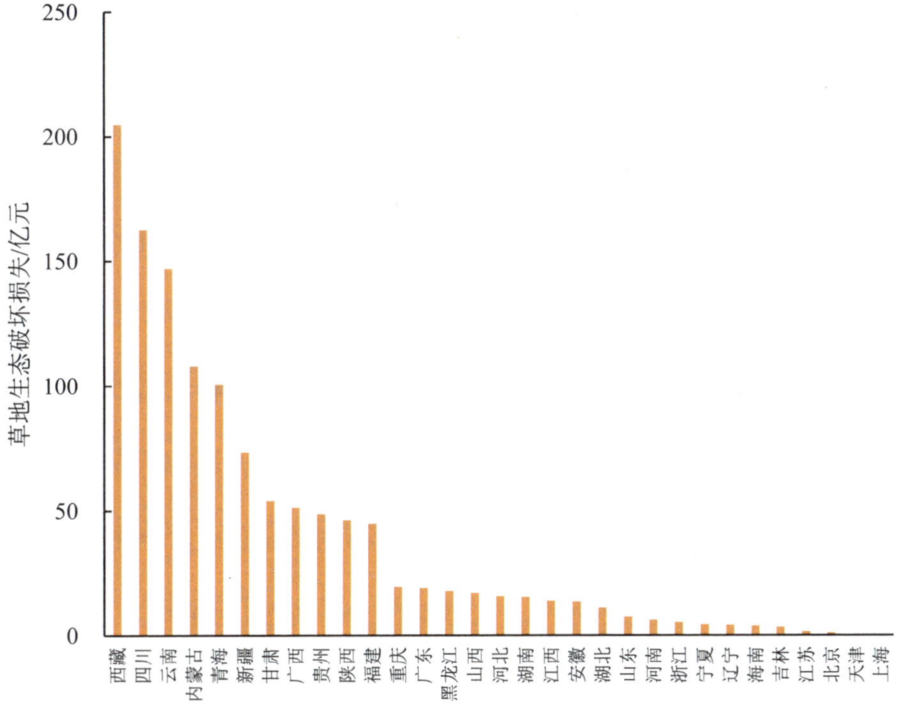

图 3-6　2017 年 31 个省份草地生态破坏经济损失

3.4　总生态破坏成本

2017 年中国生态破坏损失的价值量为 6 905.5 亿元。其中森林、草地、湿地生态系统破坏的价值量分别为 1 098.8 亿元、1 214.6 亿元、4 592.1 亿元，分别占生态破坏损失总价值量的 17.6%、15.9%、66.5%。

从各类生态系统破坏的经济损失看，湿地生态系统破坏的经济损失相对较大，其次是森林和草地生态系统。2017 年生态破坏损失基本与 2016 年持平，其中，草地生态破坏损失略有下降，森林和湿地生态破坏损失略有上升。

从各类生态服务功能破坏的经济损失看，2017 年，固碳释氧、水流动调节、土壤保持、防风固沙、水质净化、大气净化损失的价值量分别占生态破坏损失总价值量的 9.8%、77.4%、7.2%、1.8%、3.8% 和 0.1%。其中水流动调节功能破坏损失的价值量相对较大，其次是固碳释氧和土壤保持，环境净化（水质、大气）破坏损失的价值量相对较小。生态破坏会对生态系统的水流动调节、固碳释氧和土壤保持等生态服务功能产生影响，进而破坏生态系统的稳定性。

我国生态破坏损失主要分布在西部地区。2017 年，西部地区生态破坏损失为 3 540.3 亿元，占全部生态破坏损失的 51.3%。中部地区为 1 728.2 亿元，东部地区为 1 637.0 亿元。从各省份生态破坏损失的价值量看，2017 年，青海生态破坏损失价值最高，为 1 369.0 亿元，占青海 GDP 的 52.1%，主要由于青海省湿地人为破坏率较高，造成湿地生态系统损失价值较高，占其总生态破坏损失的 89.6%；湖南、四川、黑龙江、浙江、辽宁、河北等地生态破坏损失的价值量相对较大，分别为 645.2 亿元、483.0 亿元、453.0 亿元、399.4 亿元、313.9 亿元和 294.2 亿元，其中，湖南主要由于森林生态系统破坏损失价值较高，黑龙江、河北主要由于湿地生态系统破坏损失价值较高，云南主要由于草地生态系统破坏损失价值较高，四川主要由于草地和湿地生态系统破坏损失价值均较高。山东、重庆、山西、海南等地生态破坏损失的价值量相对较小，均不足 50 亿元；宁夏、上海、北京、天津和海南生态破坏损失的价值量不足 10 亿元（图 3-7）。

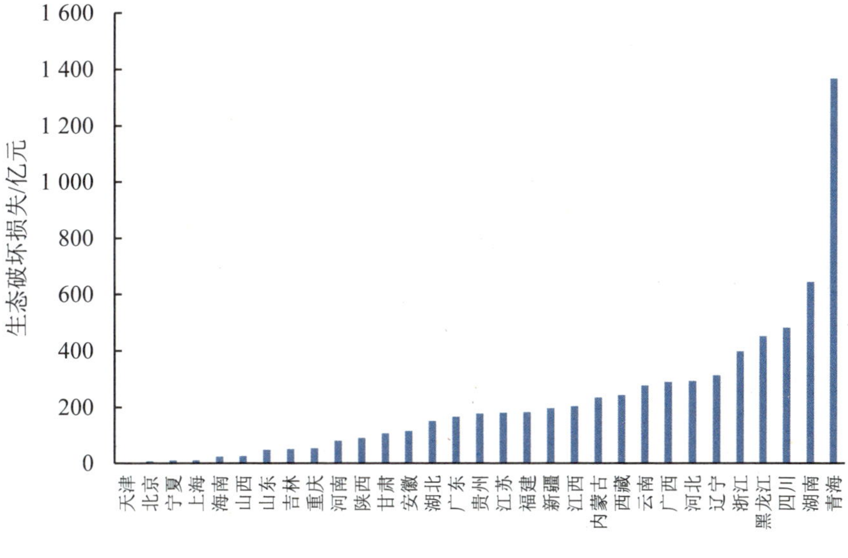

图 3-7　2017 年生态破坏损失空间分布

4

2017 年 GEP 核算

4.1 生态系统面积与净初级生产力指标分析

根据土地利用类型图划分了六大生态系统：森林生态系统、草地生态系统、农田生态系统、湿地生态系统、城镇生态系统、荒漠生态系统。我国生态系统面积 2017 年与 2016 年基本一致。草地总面积为 264.77 万 km^2，占生态系统的 28%；森林总面积为 224.95 万 km^2，占比为 23.8%；农田面积为 178.84 万 km^2，占比为 18.9%；湿地总面积为 41.44 万 km^2，占比为 4.4%；城镇面积为 25.55 万 km^2，占比为 2.7%；荒漠面积为 209.59 万 km^2，占比为 22.18%（图 4-1）。从空间分布上来看，森林主要集中在云南、黑龙江、内蒙古、四川、西藏、广西等省区；草地主要集中在西藏、新疆、内蒙古、青海等西部省区；农田主要集中在黑龙江、内蒙古、四川、河南、山东、河北等省区；湿地主要集中在西藏、内蒙古、黑龙江、青海等省区。

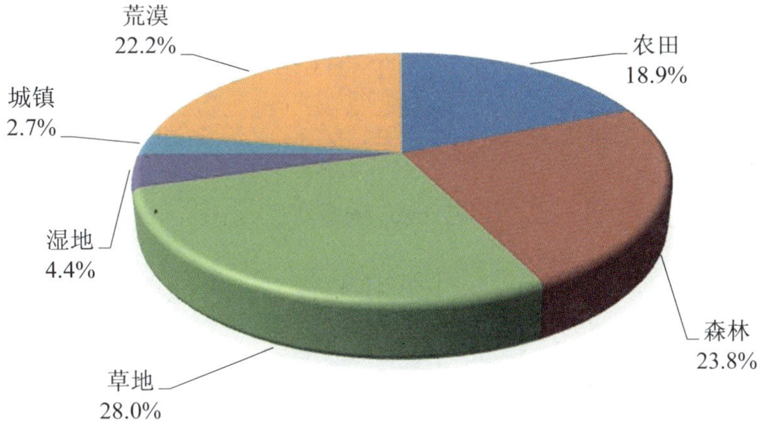

图 4-1　2017 年不同生态系统面积比例

净初级生产力（net primary productivity，NPP）是生态系统中绿色植被用于生长、发育和繁殖的能量值，也是生态系统中其他生物成员生存和繁衍的物质基础。面积是反映不同生态系统的数量指标，净初级生产力是反映不同生态系统质量的重要指标。2017 年，我国森林生态系统 NPP 为 15.26 亿 t，占比为 47.9%；农田生态系统 NPP 为 7.69 亿 t，占比为 24.1%；草地生态系统 NPP 为 6.07 亿 t，占比为 19.0%；

荒漠、湿地和城镇生态系统 NPP 相对较少，占比分别为 3.9%、2.5% 和 2.5%（图 4-2）。从单位生态系统面积的 NPP 指标看，森林和农田生态系统相对最高，分别为 678.3 t/km^2 和 429.8 t/km^2；草地和湿地生态系统单位面积的 NPP 分别为 229.2 t/km^2 和 193.4 t/km^2；荒漠生态系统单位面积的 NPP 最小。从 31 个省（市、自治区）NPP 的空间分布看，云南（3.67 亿 t）、四川（2.53 亿 t）、黑龙江（2.35 亿 t）、西藏（2.31 亿 t）、广西（2.30 亿 t）、内蒙古（1.93 亿 t）、广东（1.50 亿 t）等省（市、自治区）的 NPP 相对较高，占全部 NPP 的比重为 52.1%。

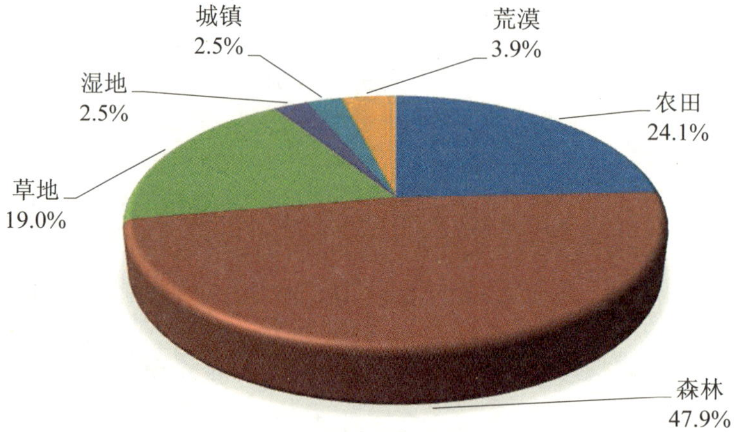

图 4-2　2017 年不同生态系统 NPP 比例

4.2 不同生态功能 GEP 占比

2017 年，我国 GEP 为 73.81 万亿元，绿金指数（GEP 与 GDP 比值）是 0.87。2016 年绿金指数为 0.94，2015 年，我国 GEP 为 72.81 万亿元，绿金指数为 1.01。2017 年和 2016 年 GEP 中固碳服务价值量核算时，固碳价格采用了碳交易市场价格法，2015 年采用的是美国国家环境保护局的碳机会成本法，碳机会成本价格远高于碳交易市场价格。从不同生态系统提供的生态服务价值看，2017 年，湿地生态系统的生态服务价值相对最大，为 30.88 万亿元，占比为 46.9%；其次是森林生态系统，为 17.29 万亿元，占比为 26.3%；草地生态系统为 9.78 万亿元，占比为 14.7%；农田生态服务价值为 6.46 万亿元，占比为 9. 8%；荒漠和城镇生态系统提供的生态服务价值最小，分别为 0.49 万亿元和 0.11 万亿元，占比为 0.75%和 0.16%（表 4-1）。与 2016 年相比，森林、湿地、农田、荒漠和城镇生态服务量占比有所增加，而草地生态系统的生态系统生态价值占比有所降低。从全部生态系统提供的不同生态服务价值看，2017 年，全部生态系统提供的产品供给服务为 14.69 万亿元，占比为 19.9%；调节服务为 51.17 万亿元，占比为 69.3%；文化服务为 7.95 万亿元，占比为 10.8%。

在调节服务中，气候调节服务价值最大，为 32.86 万亿元；其次是水流动调节，为 10.63 万亿元，固碳释氧价值合计为 3.62 万亿元。与 2016 年相比，供给服务和文化服务的生态服务价值占比有所增加，调节服务占比下降。在调节服务中，水流动调节和固碳释氧功能占比有所增加，而气候调节服务价值占比有所降低（图 4-3）。

表 4-1　不同生态系统的生态服务价值量　　单位：亿元

指标	森林	草地	湿地	耕地	城镇	荒漠	海洋	合计
产品供给	1 210.3	31 912.7	46 183.0	59 034.0	—	—	8 554.0	146 893.9
气候调节	83 196.7	35 608.8	209 764.3	×	×	×	—	328 569.8
固碳释氧	24 375.8	9 696.0	128.0	×	×	1 996.1	—	36 195.9
水质净化	—	—	2 302.8	—	—	—	—	2 302.8
大气环境净化	198.5	100.7	24.8	196.8	39.3	43.8	—	603.9
水流动调节	43 677.2	12 942.7	49 656.9	—	—	—	—	106 276.8
病虫害防治	71.5	×	×	—	—	—	—	71.5
防风固沙	281.6	2 652.1	48.2	170.9	19.2	2 430.3	—	5 602.3
土壤保持	19 867.0	4 871.7	694.1	5 149.2	996.3	462.1	—	32 040.4
文化服务	—	—	—	—	—	—	—	79 530.2

注：文化服务无法分解到不同生态系统，只有合计。大气环境净化服务以不同生态系统的面积为依据进行分解。×表示未评估，—表示不适合评估。

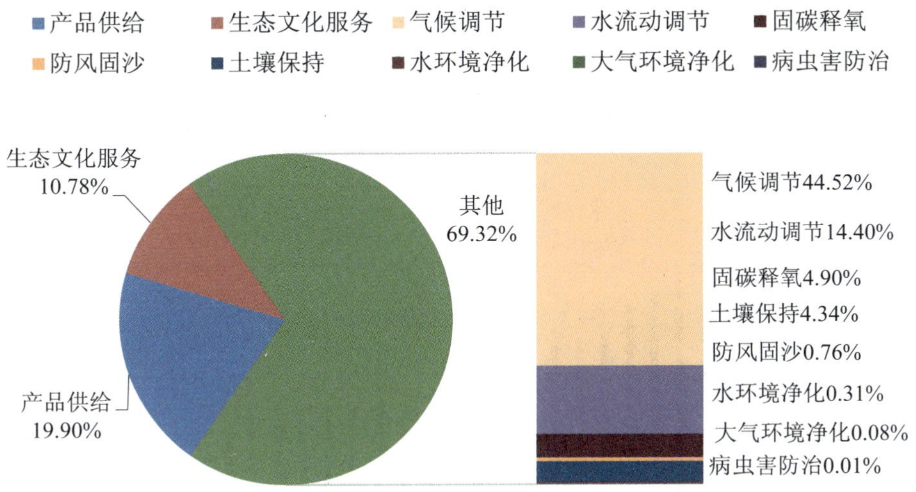

图 4-3　不同生态服务功能价值占比

4.3　不同省份 GEP 核算

2017 年，全国 GEP 较高的省份包括华北地区的内蒙古，东北地区的黑龙江，青藏高原的西藏，华南地区的广东和西南地区的四川。除此之外，西南地区的云南，华南地区的广西，华东的江西，华中地区的湖南、湖北，青藏高原的青海等地的 GEP 也都相对较高。西北地区的宁夏，华北的北京和天津，华东地区的上海，华南地区的海南等省市的 GEP 则相对较低。

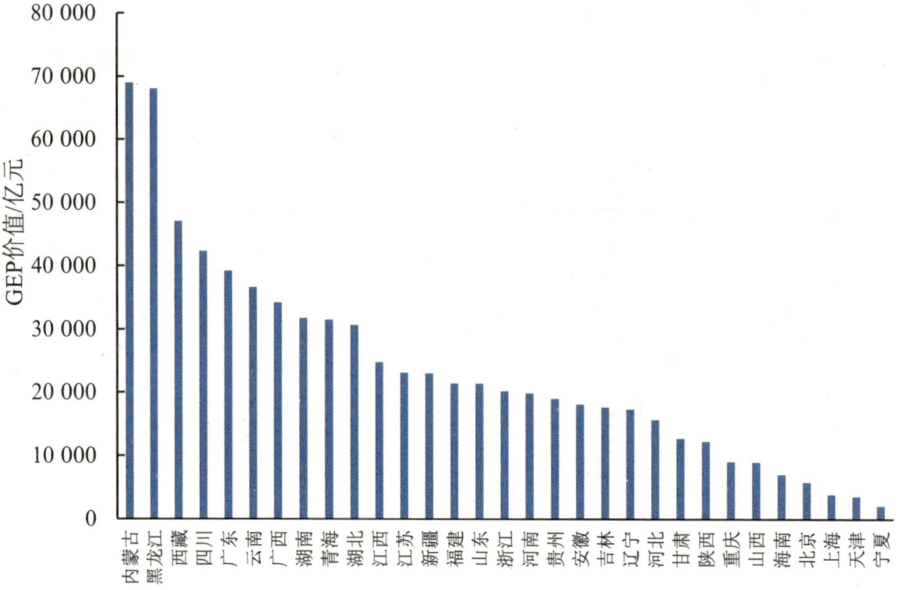

图 4-4　2017 年全国 31 个省份 GEP 价值

从各省份 GEP 排序情况看（图 4-4），内蒙古 GEP 最高，达到 6.90 万亿元，与 2016 年相比增加 2.69 万亿元；其次是黑龙江，GEP 为 6.80 万亿元，与 2016 年相比，增加 2.31 万亿元。西藏、四川的 GEP 相对接近，均为 4.7 万亿～4.2 万亿元。新疆的 GEP 总值由 2016 年的 3.53 万亿元下降到 2017 年 2.31 万亿元，下降幅度全国最大。黑龙江和广西 GEP 总值变化不大。GEP 位于 3.9 万亿～3.0 万亿元的有广东、云南、广西、湖南、湖北和青海 5 个省份；GEP 位于 1.0 万亿～

2.5 万亿元的有江西、江苏、新疆、福建、山东、浙江、河南、安徽、贵州、吉林、辽宁、河北、甘肃和陕西 14 个省份；重庆、山西、海南、北京、天津、上海和宁夏 7 个省份的 GEP 低于 1 万亿元。

在 GEP 总值较高省（市、自治区）中，湿地、森林提供的 GEP 和单位面积 GEP 都相对较高。黑龙江、内蒙古、西藏和广东湿地生态系统提供的 GEP 最高，分别占总 GEP 的 75.4%、68.7%、51.3%和 44.3%（图 4-5～图 4.8）。四川森林生态系统提供的 GEP 最高，占该省总 GEP 的 32.3%（图 4-9）。与 2016 年相比，黑龙江、内蒙古、四川等省（市、自治区）湿地生态系统提供的 GEP 比例均有一定程度的上升，广东和西藏湿地生态系统提供的 GEP 比例有所下降，其他省（市、自治区）湿地生态系统提供的 GEP 比例变化不大。从单位面积 GEP 看，GEP 总值最高的这 5 个省（市、自治区）中，湿地单位面积提供的 GEP 都是最高的。西藏、黑龙江、内蒙古、广东和四川湿地单位面积 GEP 分别为 0.27 亿元/km^2、1.01 亿元/km^2、0.74 亿元/km^2、1.92 亿元/km^2 和 1.43 亿元/km^2，广东湿地单位面积的 GEP 最大。西藏草地单位面积 GEP 为 0.02 亿元/km^2，相对较低。内蒙古、黑龙江和西藏森林单位面积 GEP 较低，分别为 0.05 亿元/km^2、0.06 亿元/km^2 和 0.06 亿元/km^2。与 2016 年相比，西藏和广东湿地单位面积 GEP 均有所下降，而内蒙古、黑龙江和四川湿地单位面积 GEP 有所上升。

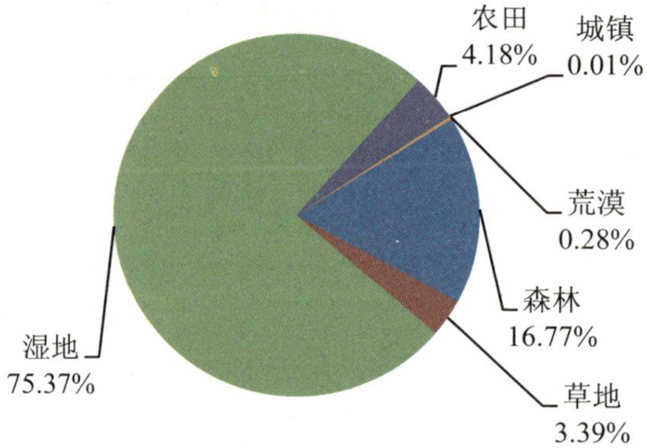

图 4-5　黑龙江不同生态系统价值占比

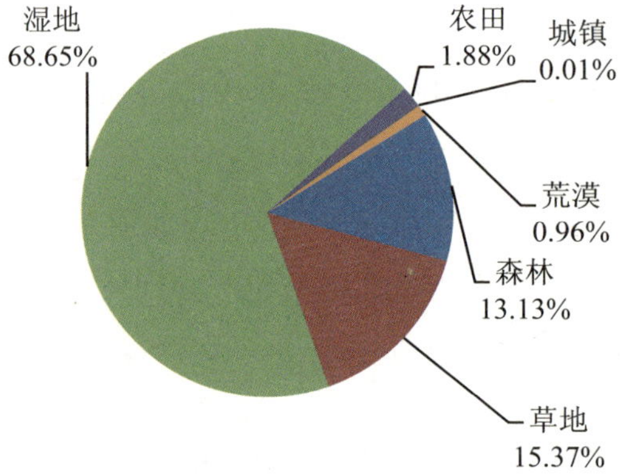

图 4-6　内蒙古不同生态系统价值占比

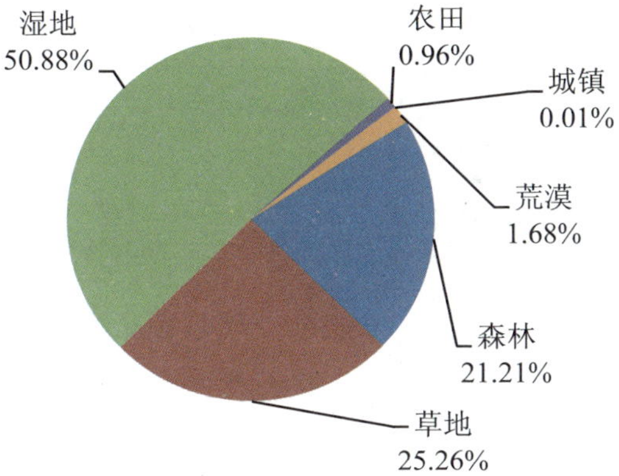

图 4-7　西藏不同生态系统价值占比

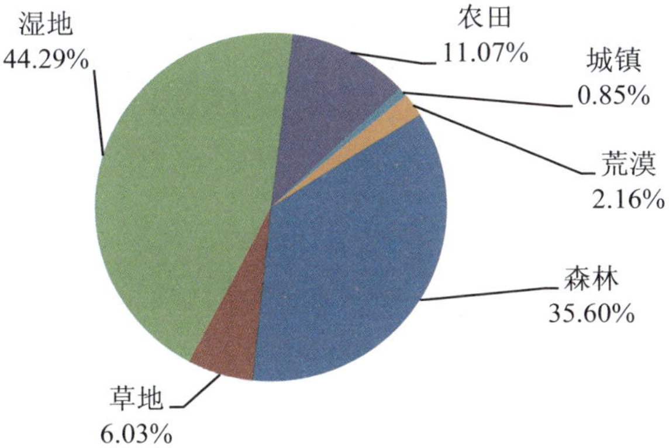

图 4-8　广东不同生态系统价值占比

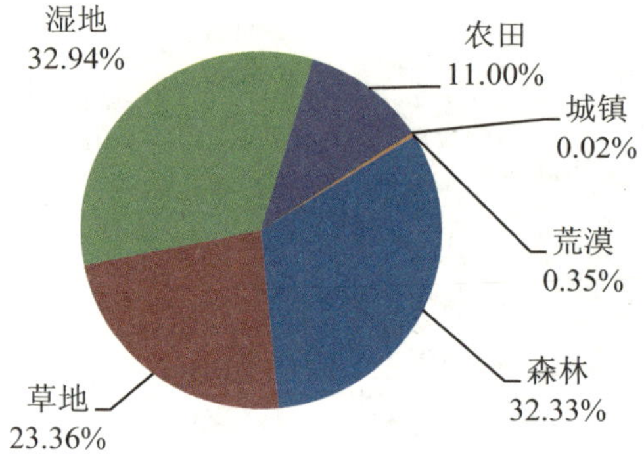

图 4-9　四川不同生态系统价值占比

表 4-2　2017 年 31 个省份不同生态服务功能价值核算　　单位：亿元

省（市、自治区）	产品供给	固碳释氧	水流动调节	气候调节	土壤保持	防风固沙	水环境净化	大气环境净化	病虫害防治	文化服务
北京	1 925.0	81.0	331.9	314.8	19.3	0.8	1.6	2.9	0.2	3 180.1
天津	1 221.0	4.4	96.8	493.7	22.7	0.2	3.7	4.7	0.0	1 785.0
河北	7 636.0	493.6	1 071.0	3 881.8	182.7	19.0	8.3	23.7	2.9	2 413.3
山西	2 233.0	392.8	708.0	2 959.6	166.1	15.4	1.8	33.2	1.0	2 518.5
内蒙古	4 858.0	2 641.3	6 208.1	52 258.1	307.9	1 077.7	41.9	56.7	7.7	1 516.9
辽宁	5 251.0	546.4	1 842.2	6 667.1	214.5	14.9	32.0	29.3	4.6	2 756.3
吉林	3 881.0	876.1	3 243.6	7 733.2	218.5	44.7	20.8	19.0	2.3	1 637.4
黑龙江	5 202.0	2 556.9	13 260.9	45 424.8	406.6	184.1	94.4	23.9	4.6	889.4
上海	837.0	1.0	18.4	246.6	109.5	0.0	24.0	9.5	0.0	2 685.5
江苏	8 955.0	40.7	961.7	6 347.2	265.8	0.4	70.7	28.3	0.1	6 490.6

省（市、自治区）	产品供给	固碳释氧	水流动调节	气候调节	土壤保持	防风固沙	水环境净化	大气环境净化	病虫害防治	文化服务
浙江	4 618.0	704.1	3 186.1	4 711.7	1 734.9	0.7	94.6	20.4	1.1	5 135.2
安徽	5 951.0	410.5	2 285.1	6 200.2	516.9	0.9	129.1	13.3	2.6	2 610.5
福建	6 841.0	1 237.1	3 560.1	4 740.8	2 441.1	0.8	143.8	19.9	2.2	2 431.7
江西	4 354.0	1 314.1	4 791.6	10 003.6	1 649.8	2.1	121.3	18.6	3.2	2 548.8
山东	10 981.0	141.5	928.1	4 027.3	191.7	3.7	21.4	28.6	0.2	5 060.3
河南	10 217.0	231.8	1 663.9	3 930.5	184.2	5.9	41.8	21.3	2.8	3 579.3
湖北	5 815.0	842.6	5 480.8	14 507.3	996.2	3.9	90.9	12.6	3.3	2 918.9
湖南	6 914.0	1 504.7	5 626.6	12 697.6	1 989.5	2.7	228.7	13.3	3.6	2 794.1
广东	8 968.0	1 766.0	5 425.9	12 388.1	3 227.8	3.9	105.8	44.9	2.1	7 275.6
广西	5 814.0	2 930.0	7 743.6	11 617.5	3 326.8	3.4	270.0	20.2	2.9	2 494.6
海南	1 427.0	452.3	1 338.6	2 629.6	785.2	2.0	23.1	3.2	0.1	430.9
重庆	2 622.0	334.0	1 301.0	2 385.7	859.0	2.0	20.5	11.6	2.0	1 576.1
四川	8 668.0	2 905.1	5 967.4	16 765.1	3 096.6	57.9	275.5	13.5	6.0	4 550.0
贵州	3 236.8	1 570.3	3 966.6	5 037.0	1 433.9	5.1	107.4	15.9	1.5	3 631.0
云南	4 958.8	4 855.7	7 583.5	12 122.6	4 316.5	7.5	212.3	24.5	5.2	2 549.9
西藏	202.0	3 397.6	4 879.0	35 354.1	2 083.3	980.8	8.3	1.4	2.4	172.2
陕西	3 364.0	488.8	1 573.6	4 033.9	484.7	11.5	29.6	23.6	3.1	2 270.4
甘肃	2 379.3	826.1	2 104.4	6 035.9	317.0	365.9	35.4	18.6	1.0	678.8
青海	542.0	1 411.6	6 707.7	21 630.2	410.9	618.8	12.6	5.2	0.5	166.0
宁夏	865.0	56.7	160.9	869.4	14.5	18.4	13.2	16.3	0.0	134.1
新疆	6 157.0	1 181.2	2 259.7	10 554.7	66.3	2 147.1	18.4	25.9	2.3	648.8

4.4 GEP 核算综合分析

采用单位面积 GEP 和人均 GEP 两个指标，对 GEP 进行综合分析。GEP 作为生态系统为人类提供的产品与服务价值的总和，其大小与不同生态系统的面积有直接关系，利用单位面积 GEP 这个相对指标更能反映区域实际提供生态服务的能力。单位面积 GEP 最高的省份主要有上海（6 240.6 万元/km^2）、北京（3 486.6 万元/km^2）、天津（3 214.3 万元/km^2）、江苏（2 257.4 万元/km^2）、广东（2 178.2 万元/km^2），上海、北京、天津等省（市、自治区）的 GEP 虽然相对较小，但因其面积也比较小，导致其单位面积的 GEP 相对较高。与 2016 年相比，黑龙江、内蒙古的单位面积 GEP 有所增加，增加量超过 200 万元/km^2。2017 年天津单位面积 GEP 降幅较大，与 2016 年相比，每平方千米减少 390.3 万元。单位面积 GEP 最低的省份主要有新疆（138.9 万元/km^2）、甘肃（280.9 万元/km^2）、宁夏（323.5 万元/km^2）、西藏（383.4 万元/km^2）和青海（436.2 万元/km^2）等西部地区（图 4-10）。与 2016 年相比，西藏、甘肃、青海、宁夏、新疆和内蒙古单位面积 GEP 均有一定幅度的下降。

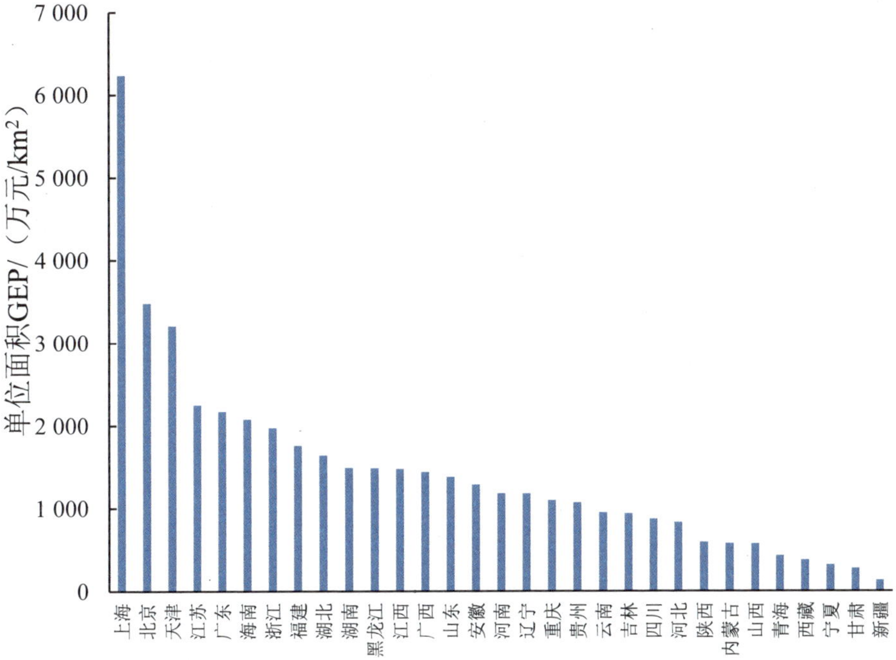

图 4-10　31 个省（市、自治区）单位面积的 GEP 核算

人口相对较少、自然生态系统提供的生态服务相对较大的西部地区，其人均 GEP 相对较高。人均 GEP 最高的省份主要有西藏（139.7 万元/人）、青海（52.7 万元/人）、内蒙古（27.3 万元/人）、黑龙江（18.0 万元/人）、新疆（9.4 万元/人）。与 2016 年相比，内蒙古、黑龙江的人均 GEP 均有一定程度的增加，西藏、青海和新疆的人均 GEP 有一定程度的下降。青海人均 GEP 下降幅度最大，由 2016 年的 59.4 万元/人下降到 2017 年的 52.7 万元/人。人均 GEP 最低的省份主要有上海（1.6 万元/人）、河北（2.1 万元/人）、河南（2.1 万元/人）、山东（2.1 万元/人）、天津（2.3 万元/人）（图 4-11）。从绿金指数（GEP/GDP）看，绿金指数大于 1 的省份有 13 个省份，比 2016 年减少 2 个，主要分布在西部地区。绿金指数较高的省份主要有西藏(35.9)、青海(12.0)、内蒙古（4.3）、黑龙江（4.3）。西藏和青海位于我国青藏高原，经济

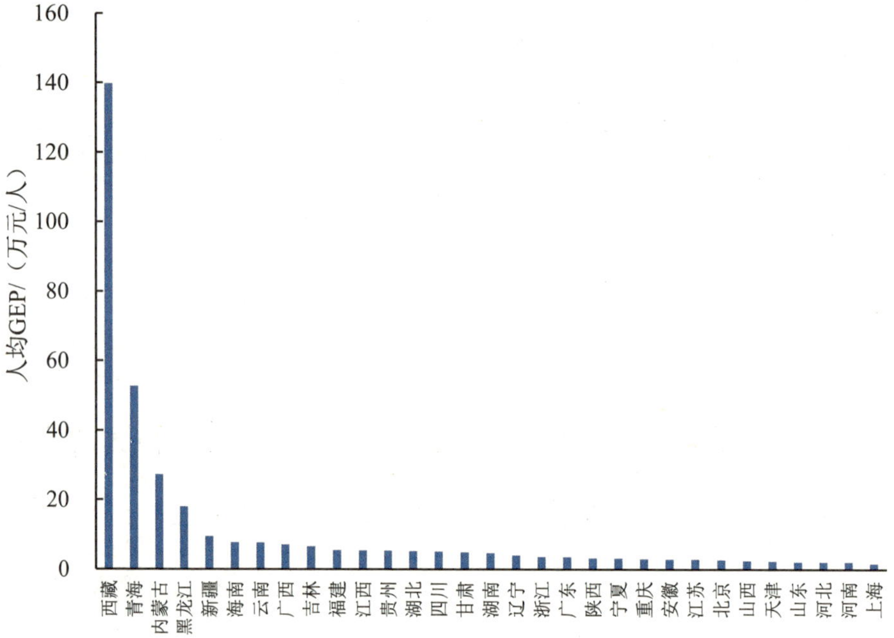

图 4-11　31 个省（市、自治区）人均 GEP 核算

发展相对较弱，但生态服务价值相对较大。绿金指数小于 0.5 的省份主要有上海（0.13）、天津（0.20）、北京（0.21）、江苏（0.27）、山东（0.29）、浙江（0.39）、广东（0.44）、河南（0.45）、河北（0.46）和重庆（0.47）（图 4-12）。

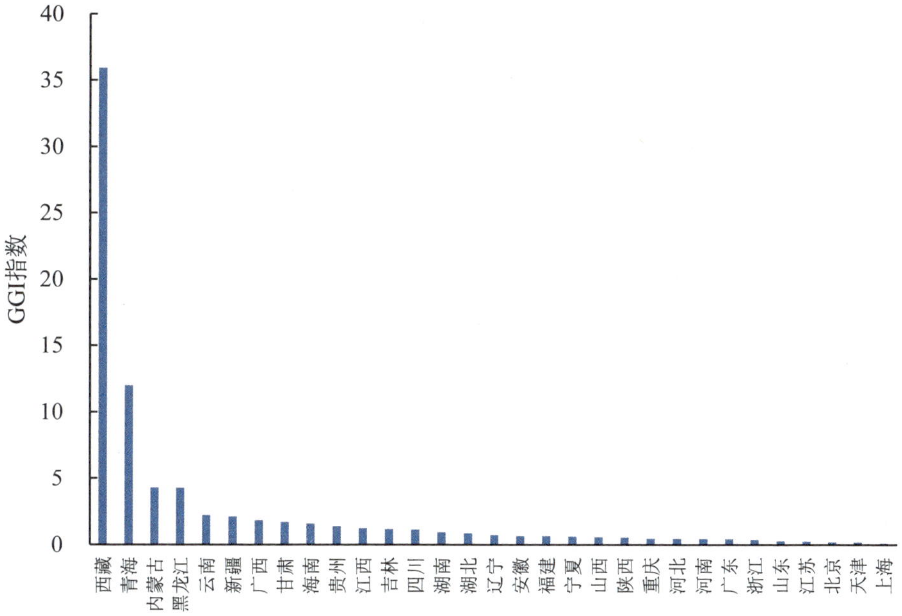

图 4-12　31 个省（市、自治区）GGI 指数

从 GEP 核算的角度看，大小兴安岭森林生态功能区、三江源草原草甸湿地生态功能区、藏东南高原边缘森林生态功能区、若尔盖草原湿地生态功能区、南岭山地森林及生物多样性生态功能区、呼伦贝尔草原草甸生态功能区、科尔沁草原生态功能区、川滇森林及生物多样性生态功能区、三江平原湿地生态功能区等国家重点生态功能区的生态服务价值相对较大，但按照主体功能区划要求，这些地区都是限制开发区，其社会经济发展水平严重受限。其中，以西藏和青海为主体的生态功能区，无论从 GEP 总值，还是人均 GEP 都相对较高，但其经济落后，西藏和青海绿金指数（GGI）分别为 35.9 和 12.0，远远高于其他省份（图 4-12）。这些地区需以 GEP 核算价值为基础，像保护眼睛一样保护生态环境，像对待生命一样对待生态环境。同时，也需要寻找变生态要素为生产要素，变生态财富为物质财富的道路，提高绿色产品的市场供给，争取国家的生态补偿，转变社会经济发展的考核评估体系，实现“绿水青山就是金山银山”的重要转变。

5

2017 年 GEEP 核算

5.1 GEEP 核算结果

2017 年，我国 GEEP 是 132.98 万亿元，比 2016 年增加 4.8%。其中，GDP 为 84.7 万亿元，生态破坏成本为 0.69 万亿元，环境退化成本为 2.21 万亿元，生态环境成本比 2016 年增加了 2.9%。生态系统生态调节服务为 51.2 万亿元，比 2016 年下降 0.46%。生态系统调节服务对经济生态生产总值的贡献大，占比为 38.5%；生态系统破坏成本和环境退化成本占比约为 2.2%。

从相对量来看，2017 年我国单位面积 GEEP 为 1 383.7 万元/km^2，人均 GEEP 为 9.6 万元，是人均 GDP 的 1.6 倍。西藏、青海、内蒙古和黑龙江等省（自治区）是我国人均 GEEP 最高的，这四个省（自治区）的人均 GEEP 都超过 20 万元（图 5-1）。这四个省份的人均 GEEP 是其人均 GDP 的倍数都超过了 4.8 倍以上，尤其是西藏和青海，其人均 GEEP 是人均 GDP 的倍数都超过了 10 倍以上。除黑龙江省外，其他三个省（自治区）都分布在我国西部地区，属于地广人稀、生态功能突出、生态环境脆弱敏感的地区。

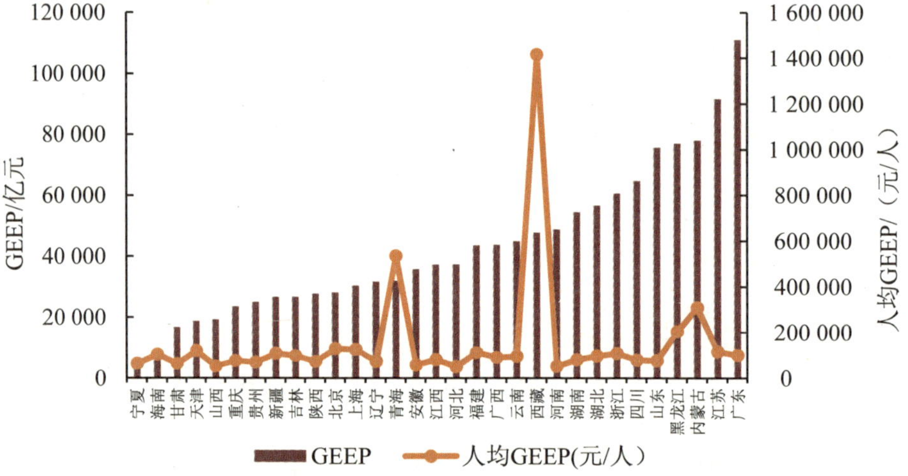

图 5-1　2017 年我国 31 个省份 GEEP 与人均 GEEP

5.2 GEEP 空间分布

从东部、中部、西部三个区域看，2017 年，我国东部、中部和西部 GDP 占全国 GDP 比重分别为 60.4%、26.6%和 21.6%。而东部、中部和西部 GEEP 占全国 GEEP 比重分别为 42.5%、28.1%和 34.4%。我国西部地区的 GEEP 占比明显高于其 GDP 占比。西部地区是我国重要的生态屏障区，不仅是大江大河的源头，更是我国生态屏障区，第一批国家重点生态功能区中，有 67%都分布在西部地区。西部地区生态系统提供的生态服务大，环境退化成本相对较低。我国环境退化成本主要分布在东部地区，占比为 52.7%，西部地区占比为 21.2%。在一正一负的拉锯下，西部地区的经济生态系统生产总值提高很大，占比已接近东部地区。广东、江苏、山东、四川、湖北、浙江等东部省份的 GEEP 大，占比为 34.6%。

党的十九大报告提出，中国特色社会主义进入新时代，我国社会主要矛盾已经转化为人民日益增长的美好生活需要和不平衡不充分的发展之间的矛盾。我国经济发展不平衡，区域之间经济差异大。按照联合国有关组织提出的基尼系数规定，低于 0.2，收入绝对平均；0.2～0.3，收入比较平均；0.3～0.4，收入相对合理；0.4～0.5，收入差距较大；0.5 以上，收入差距悬殊。基尼系数假定一定数量的人口按收入由低到高顺序排队，分为人数相等的 n 组，从第 1 组到第 i 组人口累计收入占全部人口总收入的比重为 w_i，利用定积分的定义对洛伦兹曲线的积分（面积 B）分成 *n* 个等高梯形的面积之和进行计算。本报告以 31 个省份 GDP 和人口两个指标，计算我国区域基尼系数，2017 年基于 GDP 计算的区域基尼系数为 0.51。基于 GEEP 计算的区域基尼系数为 0.49。如果采用 GEEP 进行一个地区生态经济生产总值核算，我国的区域差距将趋于缩小。当然，这个前提需要把生态系统的生态调节服务的价值市场化。

5.3 GEEP 省份排名

GEEP 是在 GGDP 的基础上，增加了生态系统给人类经济系统提供的生态服务价值。由于生态系统提供的生态服务价值较大、生态系统分布的省份不均衡性，导致我国 31 个省（市、自治区）GEEP 排名和 GDP 排名相比，变化幅度较大。除了江苏、湖南、广东、四川、贵州等五个省的排序没有变化外，其他省（市、自治区）的排序都有所变化（图 5-2）。GEEP 核算体系对生态面积大、生态功能突出的省份排序有利，对生态面积小、生态环境成本又高的地区排序不利。GEEP 排名比 GDP 排名降低幅度大的省（市）主要有北京、上海、天津、河北、陕西、河南等。北京从 GDP 排名第 12 位降低到 GEEP 排名第 22 位，上海从 GDP 排名第 11 位降低到 GEEP 排名第 20 位，天津从 GDP 排名第 19 位降低到 GEEP 排名第 28 位，河北从 GDP 排名第 8 位降低到 GEEP 排名第 16 位，陕西从 GDP 排名第 15 位降低到 GEEP 排名第 23 位。

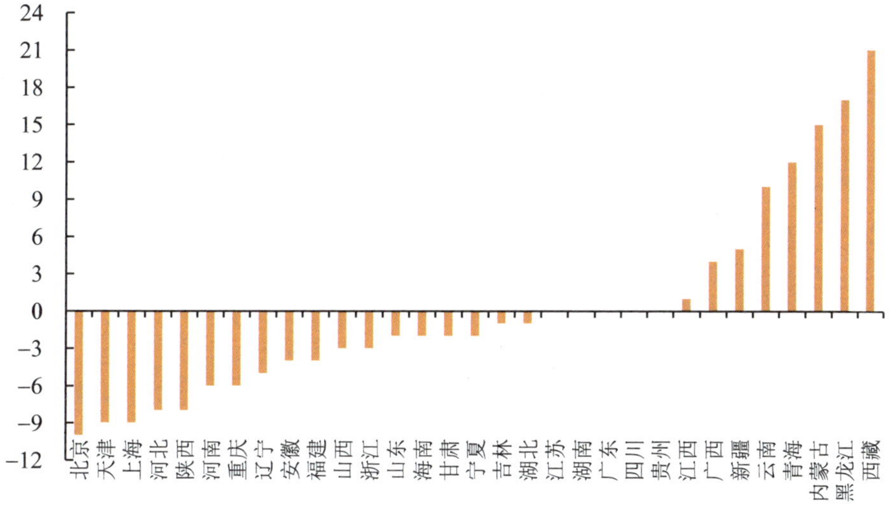

图 5-2　2017 年我国 31 个省（市、自治区）GEEP 排序相对 GDP 排序变化情况

内蒙古、黑龙江、云南、青海、西藏等省（自治区）都是我国重要的生态功能区，生态面积大、生态功能突出。这些省份 GEEP 的核算结果都远高于其 GDP。其中，云南 GEEP 是 GDP 的 2.7 倍，内蒙古 GEEP 是 GDP 的 4.8 倍，新疆 GEEP 是 GDP 的 2.5 倍，青海 GEEP 是 GDP 的 12.2 倍，西藏 GEEP 是 GDP 的 36.4 倍。这些省（自治区）

的 GEEP 排名比 GDP 排名有较大幅度增加。内蒙古从 GDP 排名第 18 位上升到 GEEP 排名第 3 位。黑龙江从 GDP 排名第 21 位上升到 GEEP 排名第 4 位。云南从 GDP 排名第 22 位上升到 GEEP 排名第 12 位。青海从 GDP 排名第 30 位上升到 GEEP 排名第 18 位。西藏从 GDP 排名第 31 位上升到 GEEP 排名第 10 位。

进一步以全国 31 个省份人口和 GDP 均值、人口和 GEEP 均值作为原点，构建 GDP 和 GEEP 相对人口的散点象限分布图（图 5-3 和图 5-4）。通过对比图 5-3 和图 5-4 中省（市、自治区）的象限变化情况可知，除河北由图 5-3 第一象限变成图 5-4 第二象限外，图 5-3 第一象限的经济和人口大省，在图 5-4 中仍分布在第一象限，说明这些省份经济生态生产总值仍都高于全国平均水平。图 5-3 第二象限的广西和云南跃入了图 5-4 中的第一象限，图 5-3 第三象限的西藏、黑龙江、内蒙古变为图 5-4 的第四象限，这 3 个省（市、自治区）在生态调节服务正效益的拉动下，其经济生态生产总值超过了全国平均水平。北京和上海的 GDP 超过全国平均水平，但其经济生态生产总值低于全国平均水平。

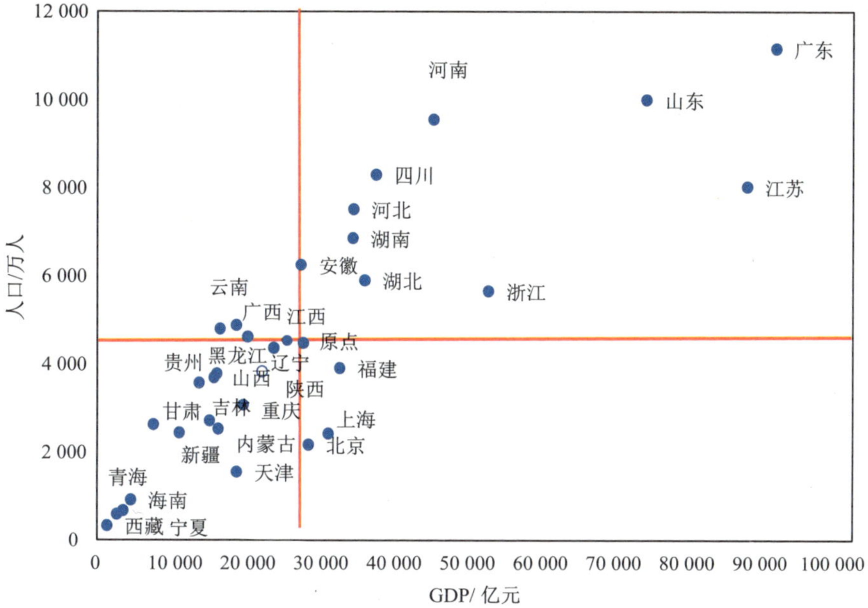

图 5-3 2017 年我国 31 个省（市、自治区）人口与 GDP 不同象限分布情况

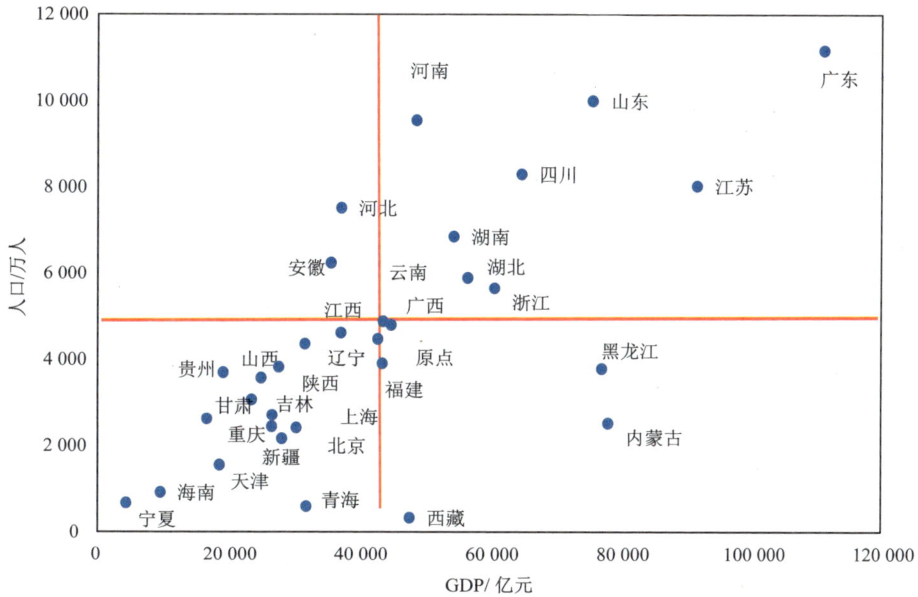

图 5-4 2017 年我国 31 个省（市、自治区）人口与 GEEP 不同象限分布情况

附录 2017 年各地区核算结果

地区		地区生产总值/亿元	环境退化成本/亿元	环境退化指数/%	生态破坏损失/亿元	GEP/亿元	绿金指数	生态调节服务/亿元	GEEP/亿元
东部	北京	28 014.9	567.5	2.0	8.0	5 857.5	0.2	752.4	28 191.8
	天津	18 549.2	445.0	2.4	2.2	3 632.1	0.2	626.1	18 728.2
	河北	34 016.3	2 073.7	6.1	294.2	15 732.4	0.5	5 683.0	37 331.3
	辽宁	23 409.2	721.1	3.1	313.9	17 358.3	0.7	9 351.0	31 725.2
	上海	30 633.0	647.0	2.1	11.8	3 931.6	0.1	409.1	30 383.3
	江苏	85 869.8	1 801.4	2.1	181.7	23 160.5	0.3	7 714.9	91 601.5
	浙江	51 768.3	1 166.9	2.3	399.4	20 206.7	0.4	10 453.5	60 655.4
	福建	32 182.1	579.8	1.8	184.1	21 418.6	0.7	12 145.9	43 564.1
	山东	72 634.2	2 253.4	3.1	49.2	21 383.8	0.3	5 342.5	75 674.1
	广东	89 705.2	1 422.2	1.6	167.6	39 208.0	0.4	22 964.5	111 079.9
	海南	4 462.5	49.3	1.1	24.8	7 091.9	1.6	5 234.1	9 622.5
	小计	471 244.7	11 727.4	2.5	1637.0	178 981.3	0.4	80 677.0	538 557.3

地区		地区生产总值/亿元	环境退化成本/亿元	环境退化指数/%	生态破坏损失/亿元	GEP/亿元	绿金指数	生态调节服务/亿元	GEEP/亿元
东部	占全国比/%	55.6	52.7		23.7	24.2		15.8	40.5
中部	山西	15 528.4	494.2	3.2	26.3	9 029.5	0.6	4 278.0	19 285.8
	吉林	14 944.5	316.7	2.1	51.4	17 676.6	1.2	12 158.2	26 734.6
	黑龙江	15 902.7	383.8	2.4	453.0	68 047.6	4.3	61 956.2	77 022.0
	安徽	27 018.0	707.6	2.6	115.7	18 120.2	0.7	9 558.7	35 753.4
	江西	20 006.3	452.0	2.3	204.7	24 807.0	1.2	17 904.2	37 253.8
	河南	44 552.8	1 779.2	4.0	80.7	19 878.5	0.4	6 082.1	48 775.1
	湖北	35 478.1	680.4	1.9	151.1	30 671.6	0.9	21 937.7	56 584.2
	湖南	33 903.0	878.2	2.6	645.2	31 774.9	0.9	22 066.8	54 446.4
	小计	207 333.8	5 692.2	2.7	1728.2	220 005.9	1.1	155 941.9	355 855.4
	占全国比/%	24.5	25.6		25.0	29.8		30.5	26.8
西部	内蒙古	16 096.2	433.8	2.7	235.6	68 974.1	4.3	62 599.3	78 026.1
	广西	18 523.3	427.7	2.3	290.5	34 223.0	1.8	25 914.5	43 719.5
	重庆	19 424.7	690.4	3.6	54.2	9 113.9	0.5	4 915.8	23 595.9
	四川	36 980.2	810.8	2.2	483.0	42 305.0	1.1	29 087.0	64 773.3

地区		地区生产总值/亿元	环境退化成本/亿元	环境退化指数/%	生态破坏损失/亿元	GEP/亿元	绿金指数	生态调节服务/亿元	GEEP/亿元
西部	贵州	13 540.8	440.2	3.3	178.8	19 005.6	1.4	12 137.7	25 059.6
	云南	16 376.3	283.1	1.7	278.0	36 636.5	2.2	29 127.7	44 942.9
	西藏	1 310.9	57.0	4.3	244.4	47 081.1	35.9	46 706.9	47 716.5
	陕西	21 898.8	705.7	3.2	91.1	12 283.2	0.6	6 648.8	27 750.8
	甘肃	7 459.9	296.5	4.0	107.2	12 762.5	1.7	9 704.4	16 760.7
	青海	2 624.9	103.7	3.9	1369.0	31 505.6	12.0	30 797.5	31 949.8
	宁夏	3 443.6	200.8	5.8	10.8	2 148.3	0.6	1 149.2	4 381.3
	新疆	10 882.0	269.5	2.5	197.7	23 061.4	2.1	16 255.7	26 670.4
	小计	168 561.6	4 719.1	2.8	3540.3	339 100.3	2.0	275 044.5	435 346.8
	占全国比/%	19.9	21.2		51.3	45.9		53.8	32.7
全国		847 140.2	22 256.5	2.6	6905.5	738 087.6	0.9	511 663.4	1 329 759.4